離島の本屋

からころ

離島の本屋

からころ

離島の本屋

朴順梨

ころから

旅のはじめに

日本には6000以上の島があり、そのうちの約400の島では人が暮らし、人口5000人以上の島には大抵、「本屋」がある（と、取材を通した実感でそう思っている）。

とはいえハードカバーから文庫、マンガや雑誌までが並ぶ〝絵に描いたような本屋さん〟から、雑誌や新聞コーナーがほんの片隅にあるような商店まであるので、何をもって「本屋」と呼ぶのかは定かではない。だから明確なデータを、私も正直なところ持ち合わせていない。

この本は『LOVE書店！』という、NPO本屋大賞実行委員会が発行するフリーペーパーの、約8年間に渡る連載をまとめたものだ。22の島々をめぐって訪れた先には、BOOK愛ランドれぶん（北海道礼文島）のように、図書館と本屋さんが合体した場所もあれば、常設の店舗はないけれど、年に一度移動書店がやってくる北大東島（沖縄県）のように、本屋が「ある」とも「ない」とも言える場所もあった。

その一方で愛知県篠島の小久保書店のように、かつて存在していた店もあれば、小笠原諸島のように、書店はないけれど電子タブレットが、読書の楽しさを教えてくれている島もあった。私自身この連載をスタートさせた頃は、〝絵に描いたような本屋さん〟こそが本屋だとばかり思っていた。けれど、あちこちの島を訪ねるうちに、その思いはどんどん小さくなり、しまいには溶けてなくなった。

取材の前に、お店にお伺いする趣旨を電話でお話しすると、電話口で決まって言われた言葉がある。

「うちに来ても、何もないよ」と。

しかし飛行機やフェリーを乗り継いで島を訪ね、お店に足を踏み入れてみて「たしかに何もないな……」と落胆したことは、今まで一度もなかった。

島民にとっては当たり前に見慣れた景色でも、旅人の私には、電気を必要としない旧式のレジですら新鮮に映った。初めて目にするものばかりで、「うわあ！」とか「へー」とかの声をあげる私を見て、「そんなに喜んでくれるなんて……」と恐縮されたことは、一度や二度ではない。

そんな私が育ったのは、海のない群馬県のとある街。幼稚園の頃、母と一緒に夕飯の買い物に行った帰り道に立ち寄った本屋さんは、いまはもうない。

立ち読みだけで全巻読破した（ごめんなさい！）マーガレットコミックスも、お小遣いを握りしめて買いに走ったコバルト文庫も、年上の人と背伸びした会話がしたくて買った洋楽雑誌も、すべては知らない世界をのぞき見させてくれる、自分と社会をつなぐ小窓だったような気がしている。

北関東特有の乾いた北風が吹く日でも、その店の中だけは色鮮やかで、ぬくもりがあった。冬はオレンジの灯が点るランタンのような、夏はキャンプファイヤーの松明みたいな心地よい熱と光に、私はフラフラと引き寄せられてばかりだった。

私にとっての「当たり前」はもはや失われたけれど、それでもあの頃にいた場所の記憶は、いまも鮮明なままだ。その温度や色、空気や店内で誰かと交わした言葉が今も生きているから、知らない島の本屋さんにだって、気軽に飛び込めた気がする。

そして離島にある本屋さんとの出会いをまとめたこの本は、「あの日」「あの時」「あの場所」だからこそ描けた「物語」なのかもしれないと、今は思っている。


離島の本屋を巡る旅を、一緒に始めよう。

地元の人が集まる場所であり、子供達の娯楽スペースであり、旅人にとっては「最も役立つ旬の地元情報満載」の離島の本屋を訪ねれば、すこし前とこれから先の自分の姿が、そこに見えるかもしれない。

それが「自分の生まれた場所を考える」ことにつながるかもしれないし、出会った誰かを通して、自分自身を知ることにつながるかもしれないと、今は思うのだ。

２０１３年初夏　朴順梨

もくじ

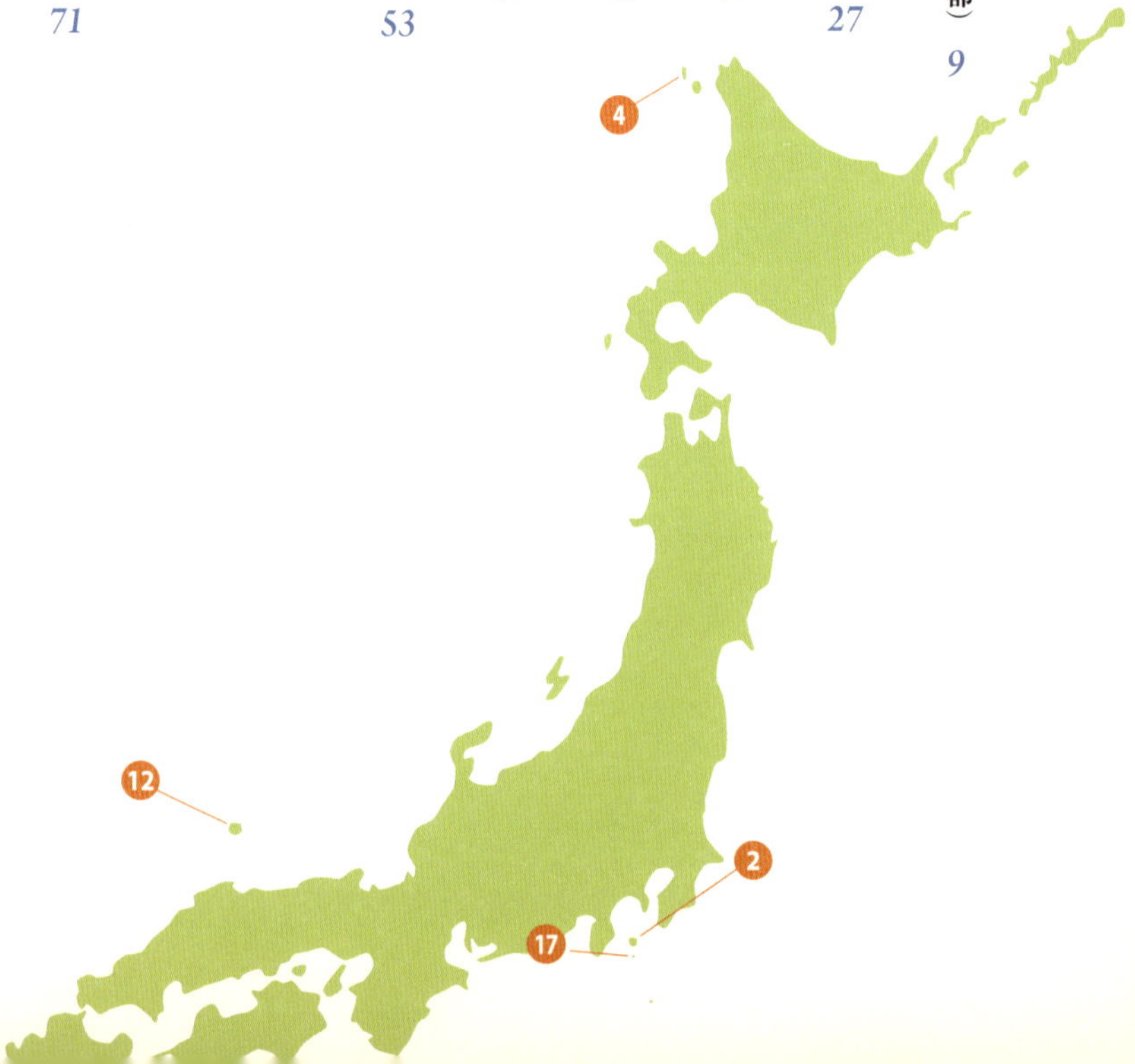

19
3
6
7
15
5
18
14
8
11
16
20
10
13
9
1

写真　今井一詞
地図作成　シナダミキ
装丁　安藤　順

「本屋」がない島で
「本を手渡す」人たち

小笠原諸島（東京都）

1997年就航の2代目「おがさわら丸」は国内フェリーとして最大・最速を誇る

傘をさすほどではないけれど、ささなければ確実に濡れてしまう。こぬか雨が降る5月下旬の月曜日、東京・港区の竹芝客船ターミナルに向かった。目指すは同じ東京都内にある、小笠原諸島の父島。フェリーで25時間半かかるこの島は2011年、世界自然遺産に認定された。だが父島には本屋はおろか、空港もないと聞いている。ならばどうやって島の人たちは本と出会い、手にしているのだろう？　それを訪ね歩くのが、今回のテーマだった。

小笠原諸島・父島行きのフェリー『おがさわら丸』のデッキからは、レインボーブリッジがかすんで見えた。白い雲に覆われた空と、鉛色の海。数年前、ニューヨークのブルックリンブリッジの足元近くから、マンハッタンのビル群を眺めた時の記憶が蘇った。しばし23区ともお別れ。ボーッと汽笛をあげた船は定刻から10分遅れで、そろり、そろりと動き出した。

家族連れ、カップル、トレッキング目的なのか、大きなリュックを担いだ中高年、そして一心不乱に本を読む若者……。住んでいるところも仕事もバラバラであろう人達が、仲良く枕を並べる2等船室で、とりあえず横になり目を閉じる。なぜなら、船酔いしたくなかったから！　とはいえ三半規管が比較的強い私は、初夏の小笠原航路の「ふわ～んふわ～ん」程度の揺れでは動じない。拙著『韓国のホンネ』（竹書房新書）でふれているが、冬の鬱陵島《ウルルン》を目指した時

2等船室は雑魚寝スタイル

東京・竹芝から父島に向けて出航！

二見港に着岸！

父島が見えてきた。海の碧さが濃い

の「ベコーンバリバリ！」と表現したくなる過激なうねりに比べたら、酔うに値しない。しかし25時間以上乗ることを考えると、さすがに気持ちが疲れてくる。早く着かないかな……。

しかし、気が付くと寝てしまっていた。翌日11時頃に再びデッキに向かい、洋上の空気を味わってみた。出港時と同じ、一面をトレーシングペーパーで包んだような白い空。しかし海の色はより青く、肌に当たる風はぬるい湿気を含んでいる。

「ああ、気候の違う場所に来たんだな」

その刹那、船のスピードが急にゆるみ、どんどん岸が近づいてきた。民宿の名前が書かれたいくつものプラカードと、「小笠原へようこそ」の横断幕が目に入る。正午過ぎ、ようやく父島の二見港に到着した。

「まだ、体が揺れてるかも……」

陸酔いを感じながらターミナルに向かうと、出入り口近くに本棚があった。以前八丈島に取材に行った際、誰でも借りられる本が置いてあるのを見たことがあるが、父島にもあったとは！

村役場では企画政策室長の樋口博さんが、オレンジ色のヨット柄アロハシャツにチノパン姿で迎えてくれた。黒いメガネの奥から、人懐っこい笑顔がのぞく。樋口さんは岐阜県出身。1987（昭和62）年に小笠原村職員に採用され、こ

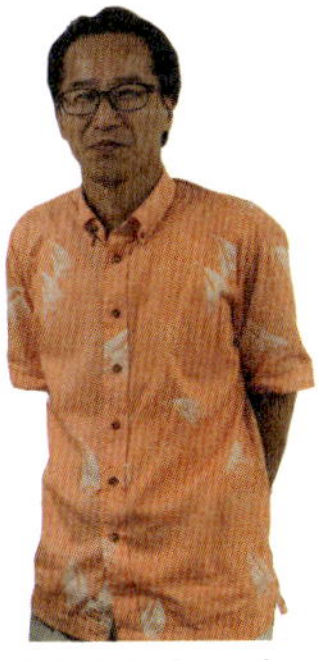

村役場の樋口さん。役場ではアロハが正装

村営バスは1日に2～10便

ターミナルに置かれた本棚。誰でも自由に借りられる

の島に27年間住んでいるそうだ。はじめのうちは診療所で働いていたが、そこで都内出身の歯科衛生士と出会い結婚。3人の子供のうち長女は独立して保育士になり、次女は高校3年生の青春真っ盛りなのだとか（父島には、都立小笠原高校がある！）。

「本屋さん、見かけなかったでしょ。生協に行けば雑誌と新聞、あと小笠原関係の本が少しありますけどね。以前はOCFという父島内にある会社が、定期購読の雑誌や新聞、書籍の取り寄せを受けていたんですけど、今はもうそのサービスをしていなくて」

OCFはクーラーやコピー機の保守点検などを行っている商事会社で、本の取り寄せや新聞・雑誌の定期購読の個人注文を請け負っていた。しかし今から6〜7年前頃、社屋を移転した際にそのサービスは廃止になり、今は『小笠原植物図譜』（アボック社）という植物図鑑のみを扱っている。これがきっかけとなり、生協で本格的に雑誌や新聞を扱うようになったそうだ。

「だから本は、本土に行った際にまとめて買います。5月に行った時は東野圭吾の『プラチナデータ』（幻冬舎）と有川浩の『県庁おもてなし課』（角川書店）、あと乃南アサの『いつか日の当たる場所で』（新潮社）と、海洋関係の本を買いました。テレビで映画情報を見て『おもしろそうだな』と思うと、原作本がないか探すんです。だから映画化作品を読むことが多いかもしれません。自分は使いませんが、家族はネット通販も利用してるみたいです」

2011年に本土との間を結ぶ、海底光ケーブルが敷設された父島。ネット環境が充実していることもあり、女性を中心に通販利用者はなかなか多い模様。では電子書籍はどうだろう?

「ipadを使っている人、結構多いですよ。僕はセールをしてた時に、楽天のKOBOを買いましたけど」

そう教えてくれたのは、樋口さんと企画政策室で一緒に働いている、主査の石原洋介さん。すらっと日に焼けた、スポーツマン風の石原さんもアロハシャツ姿(ちなみにアロハは好きな柄のものを、年に1枚支給されるそうだ)。

石原さんは埼玉出身。学生時代ダイビングのために父島を訪れ、以来身近に感じるようになった。大学卒業後は銀行で4年間働いていたものの、「違う仕事をしたい」と思い、再び島を目指した。

現在2000人程度の人口のうち、約7割が樋口さんや石原さんのような「本土からの移住者」。というのも父島は1593年に戦国武将の小笠原貞頼によって発見され、その後は欧米人と本土からの移住者が住んでいたけれど、敗戦後は米軍の統治下におかれ、島民は本土に強制疎開させられたのだ。日本に返還されたのは1968(昭和43)年だが、戻れなかった人も多く、いわゆる旧島民は現在、3割程度しかいないそうだ。ちなみに10年前から父島・母島とも産科医がいないので、生粋の「島生まれの子」はほとんどいない。

村役場の石原さん。アロハ柄はセレクト可能

小笠原生協。看板の「B.I.T.C.」は返還前の店名で、「Bonin Ilands Trading Center」の略

「年に2～3回は本土に行くので、おがさわら丸のなかでもKOBOを使ってます。でもバックライトなしのものを買ってしまったので、暗いと見えないんです（苦笑）。本土では貿易センタービルのなかの本屋さんに行って、2時間はいますね。あそこは広いし、手に取ってページをめくりながら選べるのが楽しくて」

旧ブックストア談、現在の文教堂書店浜松町店は、父島の人たちが集うスポットだったとは！　でも年に数回戻れるとはいえ、2人とも本があふれる本土が恋しくなることは、ないのだろうか……？

「……戻る人も確かにいるけれど、20年以上同じ景色を見続けているのに、なぜかあきないんです。どうしてかは、分からないんですけどね」

そう言う樋口さんの横で、石原さんもうなずく。

「友人と共同でボートを所有できるし、通勤に時間がかからないし。身近に自然がある環境って、意外とあきないものなんです。天気がいい日の夕焼けは、すごくきれいですよ」

今ではすっかり「島の人」になった2人に見送られながら、通り沿いにある生協を目指した。入口のすぐ右側に、雑誌コーナーを発見。ビックコミックオリジナルや、週刊少年ジャンプなどが置いてある！その下にはいくつもの段ボールがあり、名前が書いてある袋から雑誌や新聞がのぞいていた。

生協の雑誌棚。新聞は1週間分まとめて販売

「下のは定期購読の人のもので、新聞なんかは1週間分、まとめて持っていくんですよ」

棚を覗き込んでいた私に教えてくれたのは、生協理事長の瀬堀ロッキさん。ロッキさんは1830年に父島に最初に入植した、アメリカ人のナサニョール・セーボレーの5代目子孫（セーボレーの末裔なので「瀬堀《せぼり》」さん）。理事長職のかたわら養蜂園や宿泊施設を営む、父島きっての実業家だ。ロッキさんと話している間にも、新聞や雑誌の山がじわり、じわりと小さくなっていく。「おがさわら丸」の入港日を、誰もが心待ちにしているのがよくわかる。

「あと3日ぐらいしたら、どれぐらい減っているのだろう？」

そんな興味を抱きながら、商品入荷を待ちわびていた人たちでにぎわう、生協をあとにした。

翌日。実質滞在3日目のこの日は、朝から地域福祉センターを訪ねた。というのもこの中に図書室があると、樋口さんが教えてくれたのだ。

島の返還後、帰島者や移住者が増えるにつれて村民の集まる場が必要となり、1971（昭和46）年頃に村民会館が建てられた。そこに島の人や旅人が集まり、本を寄贈することでじょじょに「置き図書」が増えていった。いわば自然発生的にできた図書室だったが、1999（平成11）年に村民会館を建て替える際に、地域福祉センター

定期購読者用に仕分けした袋が入る段ボール箱

父島図書室が入る小笠原村地域福祉センター

に移転。今では約3万冊の蔵書をかかえ、島の人たちが本やマンガと触れ合えるスペースとなっている。

ちなみに図書館と図書室の違いは、辞書によると、図書館が独立した「館」であるのに対し、図書室は施設の中の「一室」（学校図書館は例外）なのだそうだ。また図書館法で規定された公立図書館には、「図書館司書」の資格を持つ専門職員がいるが、図書室には必ずしもいるとは限らない。

グリーンの屋根に、アイボリーのコンクリート造りの地域福祉センターは、中庭もあってなかなかモダンな雰囲気に。ここは介護施設や会議室、児童遊戯室などを兼ねていることから、子供を連れた母親や高齢者をはじめとする、島の人たちの多くが利用している。

入口をはいってすぐ左側の図書貸し出しコーナーに向かうと、松林久美子さんと大木緑さんが迎えてくれた。自然と森をほうふつさせるお名前の2人は、埼玉と神奈川出身。2人とも父島で結婚し、今はこの地に根を下ろしている。

図書の貸し出しを担当するのは、大木さんを含めた3名の女性スタッフ。どの本を置くかは都内図書館のベストリーディングランキングをもとにセレクト。ない本を利用者がリクエストした場合は、本土の都立図書館から「特別協力貸出」という形で送られてくる。その実物を手に取って「面白い！」と思った場合は、

図書室スタッフの松林さん（右）と大木さん

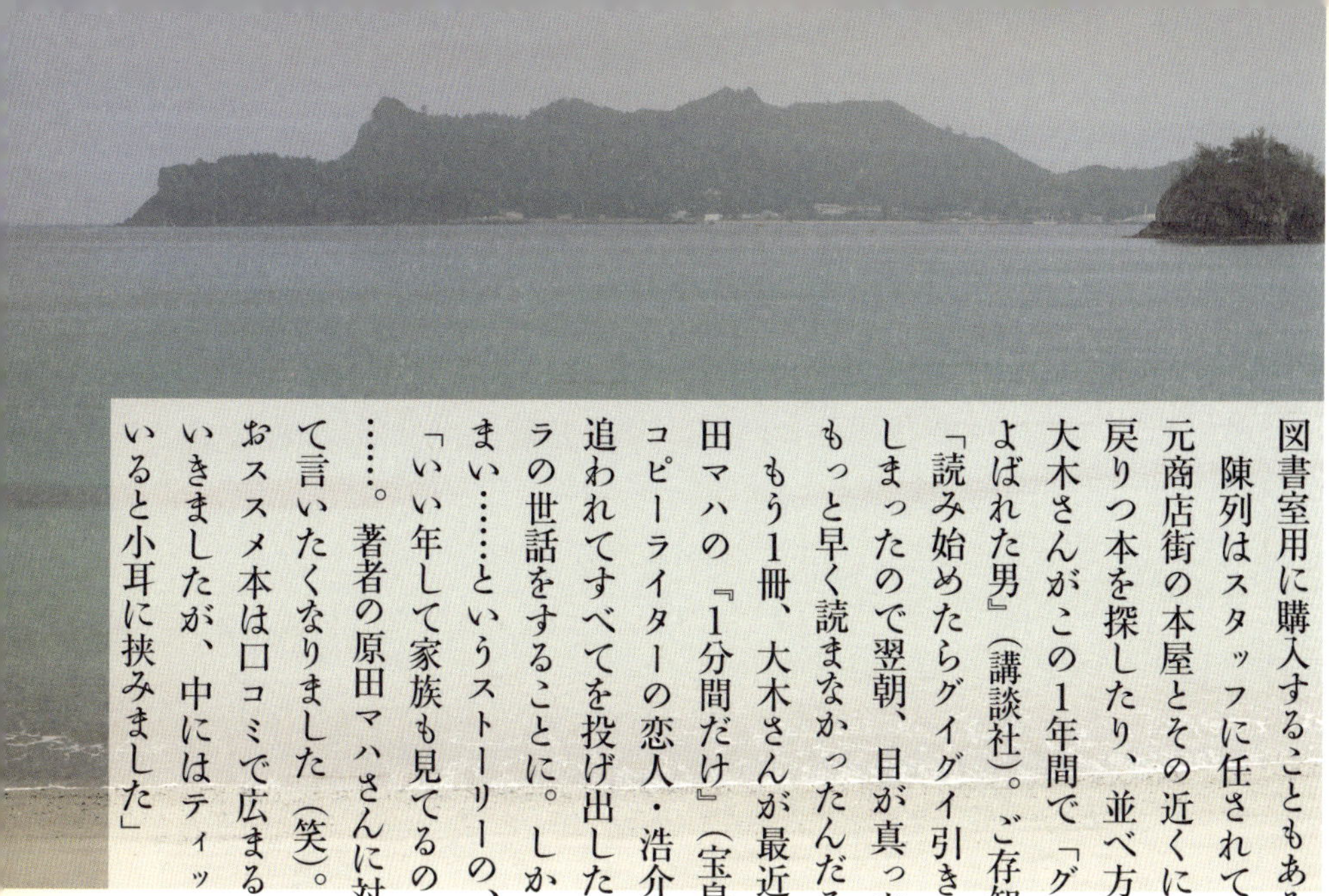

図書室用に購入することもあると教えてくれた。

陳列はスタッフに任されているので、大木さんは帰省した際、地元商店街の本屋とその近くにある、ブックオフをチェック。行きつ戻りつ本を探したり、並べ方を研究したりしているそうだ。そんな大木さんがこの1年間で「グッときた」本は、百田尚樹の『海賊とよばれた男』（講談社）。ご存知2013年度「本屋大賞」受賞作品だ。

「読み始めたらグイグイ引き込まれてしまって……。夜通し読んでしまったので翌朝、目が真っ赤になっちゃったんですけど、『なんでもっと早く読まなかったんだろう？』って思いました（笑）」

もう1冊、大木さんが最近読んで「ヤバい！」と思ったのは、原田マハの『1分間だけ』（宝島社）。ファッション誌の編集者・藍とコピーライターの恋人・浩介、そして2人の飼い犬・リラ。仕事に追われてすべてを投げ出したくなった藍は、浩介と別れて1人でリラの世話をすることに。しかし程なくして、リラががんになってしまい……というストーリーの、中編小説だ。

「いい年して家族も見てるのに、オイオイしゃくりあげてしまって……。著者の原田マハさんに対して、『なんてことしてくれたんだ！』って言いたくなりました（笑）。図書室利用者の多くは顔見知りなので、おススメ本は口コミで広まるんです。この本も何人かに借りられていきましたが、中にはティッシュを大量に使って、涙を拭いた方もいると小耳に挟みました」

JTBパブリッシングから寄贈された旅行ガイド

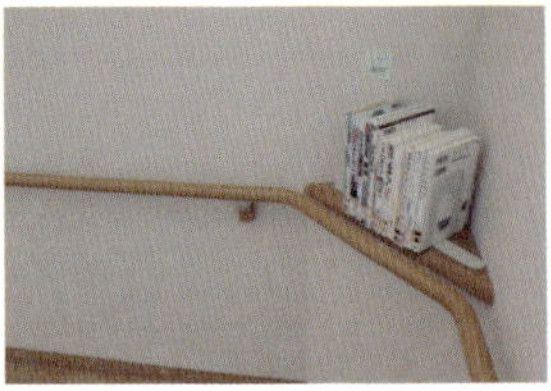

階段の踊り場も立派な陳列棚に

テレビやインターネットも利用するけれど、誰かが「この本いいよ！」と言うと「じゃあ」と、立て続けに貸し出されていく。人口約2000人の島で、図書カード登録者数は830名と、実に3分の1以上。短期滞在者でも借りられることや、21時まで開いていることから、島のなかでもダントツの娯楽スポットとなっているようだ。

書棚がある2階に向かうと、「まさに図書室！」といったスペースに本が並んでいた。釣りや海洋系の本、DIYの本、園芸の本、料理レシピや暮らしの本……。あるジャンルの本を見た人が次に何を思い浮かべるか。その流れに沿っているかのように陳列されていて、「とっても見やすい！　探しやすい！」と、思わず声に出してしまった。あれもこれも手に取って読みたくなるし、背表紙を見ているだけで興味がわく。このレイアウトは、大木さんが考えた。「何か借りたい」と漠然と思いながらも的が絞れていない人や、体系立てて読みたい人が、「本との幸せな出会い」が果たせそうな感じが伝わってきた。

「まだ始めたばかりなので、整理しきれていないんです……。あ、この手の本も人気ですよ！」

ちょっと照れた表情で見つけてきたのは、レイチェル・カーソンの『センス・オブ・ワンダー』（新潮社）。自然に触れながら感性を磨いていくこの本をはじめ、ニューエイジ系は「自分を見つめなおしたい」と島を訪れる、女性たちの支持が意外と厚いそうだ。

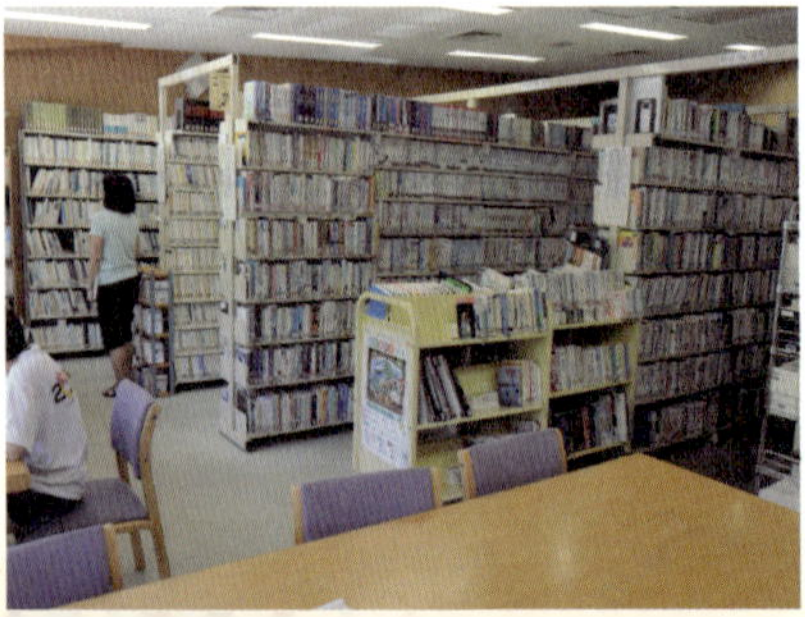

初心者はもちろん、読書家にも目配せが効いた図書室

「こっちも人気あるんですよね」

そう言って大木さんが指さす先にあったのは、旅行ガイドブック。実はこれらは以前、修学旅行の行き先を決めるために都立小笠原高校の生徒が「島に本屋がないので、ガイドを寄贈して欲しい」と出版社に掛け合って手にしたもの。JTBパブリッシングが在庫を大量寄贈してくれたものの、おすそ分けなのだそうだ。

再び1階に戻り、奥にある児童図書室をのぞく。入口すぐの棚に置いてあった、せなけいこの『あめふりうさぎ』（新日本出版社）を開くと、誰かのらくがきが残っていた。その奥の高齢者介護のスペースに目を向けると、何人もの人影が光越しに見える。

乳幼児から高齢者までを受け入れる施設には、子供が読みたい本も大人が好きな本も集まっている。なぜなら本と深く向き合える場所は、父島ではここだけだから。まるで暗闇を照らす明かりのように、本が人を集めているように思えた。

さらに翌日、この日は日帰りで母島を目指した。やっぱり本屋はないけれど、父島と同じように本が並ぶ場所があり、「特徴のある書棚」が見られると聞いたからだ。

朝7時30分。二見港から「ボボン！」という派手なエンジン音と

1Fの児童図書室

母島・沖港
ターミナル

母島は父島から南へ約50キロ。都内最南端の有人島

ともに、「ははじま丸」が出航。約50キロの海路を2時間少々かけて向かうと、船着き場で、村役場の母島支所長の箭内《やない》浩彌さんが、歓迎のプラカードとともに待っていてくれた。そして歩いて5分程度の村役場までの道のりを、車でご案内という厚いおもてなしに感動……。

1977（昭和52）年に小笠原村職員に採用された箭内さんは、福島県の郡山市出身。口数がそう多くないところが、いかにも東北の男性らしい。そんな箭内さんに、「特徴のある書棚」について尋ねてみた。すると

「それはエトピリカ文庫のことです。今から見に行きましょう」

という答えが返ってきた。

向かったのは役場のすぐ隣にある、村民会館。遊具が置かれた園庭後ろの、2階建てのコンクリートの建物だった。ここは村営の保育園と2万5000冊の蔵書を抱える図書室、体育室などを備える、島の中でも有数の複合施設だ。母島の人口は、現在約480人。漁協と農協、個人商店が各1軒あるだけの、父島以上に小ぢんまりした島になっている。

入口を入ってすぐの階段を登ると、北海道に生息するエトピリカという鳥の絵が描かれた、カラフルな看板が目に入った。『エトピリカ文庫』とあった。

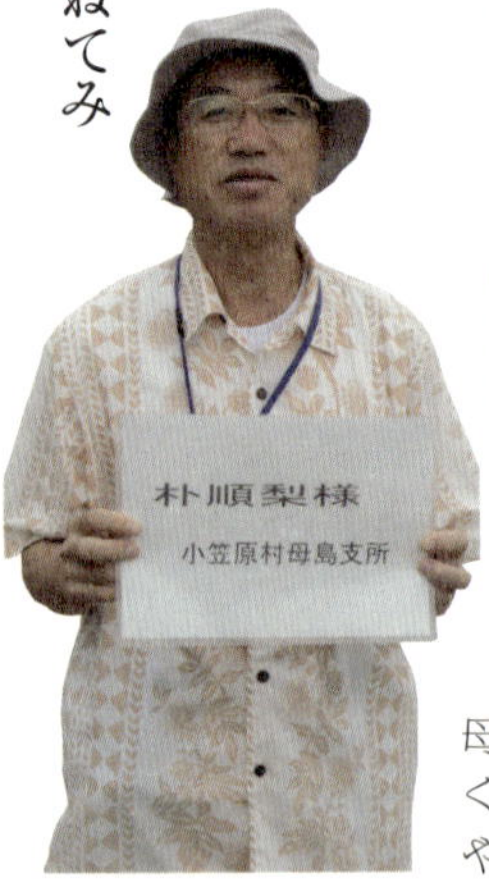

母島で出迎えてくれた箭内さん。やはりアロハ

図書室が入る母島の村民会館

「雨の日はたいていここで遊ぶ」とお母さんたち

エトピリカは北海道の鳥

エトピリカ文庫とは、北海道大学のスラブ研究センターが2007（平成19）年から取り組んでいる「グローバルCOE」プログラムのひとつで、境界地域のネットワークづくりを行うなかで、全国の関連自治体に書籍を寄贈するというもの。今までに根室や対馬、与那国の施設に本が寄贈されていて、母島には2012年12月にコーナーができた。

「最初は父島に置かれる予定だったんですけど、『より南の国境に近い母島の方が、エトピリカ文庫の趣旨に合致する』ということでこちらにできました」

と教えてくれたのは、今年4月に父島の地域福祉センターから異動してきた、施設を管理している社会福祉法人小笠原村社会福祉協議会の主任、川本真裕さん。「DVDも寄贈されました」からと、視聴覚室に案内していただくと……。お母さんと子どもたちが、フリーダムに遊んでいた。

今日来ていたのは、1歳半の史明くんと1歳の桃李くん（と、そのお母さんたち）。書棚のマンガや図書室の本を読みながら子供と遊べるうえに、DVDを見ることもできる。だから「雨の日はたいてい、ここで遊んでいる」と教えてくれた。

書棚に目を移すと、シリーズもののマンガはちゃんと巻が揃っていた。

「マンガはすべて寄贈で、抜けがあると、本土に用がある島の人が

図書室は母島の村民会館2階にある

元吉祥寺っ子の川本さん。アロハじゃない！

買ってきてくれるんです。『おがさわら丸』の中で読み終わったからと、持ってきてくれる人も多くて」

　年間の書籍購入予算はあるものの、何でも買えるわけではない。だから読みたいものがあるなら自分で買って、皆に読んでもらうべく寄贈する。書店がない島ならではの、助け合って譲り合うスピリットに触れた気がした。

「皆が顔見知りだし、商店も3つしかないけど、子供とののんびり過ごすにはピッタリの島だと思います。満員電車に揺られての通勤もないし」

　目を細めながら子供たちをみつめる川本さん。彼はもともと、バリバリの吉祥寺っ子。バイク便の会社や、デパートのお菓子売り場などで働いていたが、教員免許が生かせる仕事に就きたいと奮起。縁あって採用されたのが、小笠原村社会福祉協議会だった。今では子供も生まれ、島暮らしを満喫しているが、本だけは「帰省した際に吉祥寺のパルコブックセンターや、駅ビル2階の本屋（ブックファースト　アトレ吉祥寺店）で買う」ことにしている。前回吉祥寺に行った時には、大好きな池波正太郎と佐伯泰英の時代物を購入し、長旅となる船と、自宅で読破したと語った。

「でも『おがさわら丸』の前身の『父島丸』の頃は38時間もかかったから、それに比べると本土との距離も、縮まりましたよ」

と語る箭内さんにとっては、もう35年も住んでいる小笠原諸島もまた、大事な故郷。子供たちを優しく見つめる箭内さんの横顔から、1週間の滞在では分からない、島の魅力の片鱗が見えた気がした。

わずか5時間足らずの母島取材を終え、父島に帰島。ホテルで食べる最後の夜メニューは、わさびではなくからしで味わう島寿司。あっという間に食べ終わってしまうと、ホテルのマネージャーである友野裕亮さんと目が合った。そういえば友野さんは、どんな本を読んでいるのだろう？　ここにきてまだ一度も、ホテルの人たちとゆっくり話していなかったことに気付いて質問した。

「スタッフの今野さんに借りたんですけど……『自然の実りがわかる本』（山と渓谷社）って本です。妻が畑をやっているので、ちょっと気になって」

有機農法で菜園作りをする方法が、イラストとともに紹介されていた。堅苦しくなく、わかりやすく説明しているので、なんだか私もチャレンジしたくなってくる。本の持ち主である今野香南さんも、仕事を終えて食堂にやってきた。

「今はちょっとお休みしてるんですけど、畑、やりたいんですよね。でもこの本は実践用というよりは、知識用かな。アマゾンで注文し

ホテルマンの友野さん

記念にいただいたブレス

島の「タコノキ」はアクセサリーなどの材料にもなる

ました。アマゾンだと送料無料だし『おがさわら丸』に乗って1週間ぐらいで届くんです。マーケットプレイス本（廉価な中古本）を購入しても、250円しか送料がかからないんですよ」

八丈島出身の今野さんは、返還後すぐに両親とともに父島に移住。今回出会った中ではオールドカマーにあたる彼女の特技は、「タコノキ」という木の葉で編んだ細工を作ること。染料で色を付けた葉でブレスなどを作り、お土産として販売している。ひとつ、私にもプレゼントしてくれた。花飾りがついたブレスを腕に巻きつけると、少し、島との距離が縮まった気がした。

いよいよ最終日。午後2時のフェリーに乗る前に、お土産を買うために生協へ立ち寄った。お目当ては瀬堀さんの養蜂所で作られた蜂蜜と、そして大木さんの夫の洋さんが、海水を汲みあげて作っている海塩。いずれも島土産にはうってつけと、ガイドブックに書いてあったからだ。4日ぶりに訪れた生協では……。雑誌が軒並み減っている！入港とともにやってきた新聞や雑誌の多くがはけてしまい、出港日は一番品薄になることがよくわかった（ちなみに生協に配本しているのは、築地にある「たきやま」という、新東京国際空港第一ビルなどで竜文堂という書店を経営している会社。売れ筋の雑誌をメインに配送しているそうだ）。

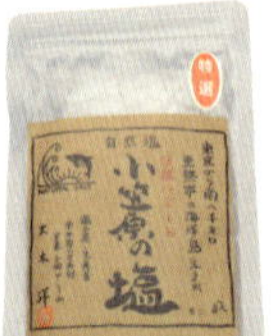

小笠原の海水で製塩する大木洋さん

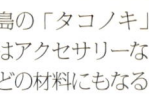

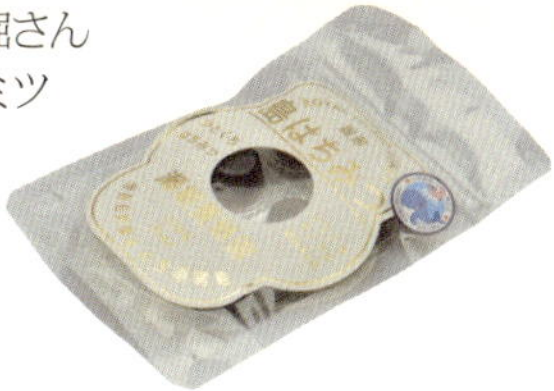
生協の瀬堀さん作のハチミツ

午後1時過ぎ。乗船待ちの列に加わりながらターミナルの書棚に目をやると、真剣に本を選ぶ人の姿が見えた。私も列を離れて、本をチェック。中世ヨーロッパで流行していた、去勢された男性歌手を描いた『カストラートの歴史』（筑摩書房）に興味をそそられたけれど、おそらくこれは船旅に向かない（笑）。ということで手ぶらで列に戻り、フェリーに乗り込んだ。

出航直前にデッキに出てみると、友野さんをはじめ、出会った方々の顔がずらりと並んでいた。お見送りの人たちに力いっぱい手を振り、お礼を言う。すると定刻通りに船は動き始め、お世話になった人たちの姿が、どんどん小さくなっていった。

今回私が旅のお供に選んだ本は、最近親しくなった深沢潮さんの小説『ハンサラン　愛する人びと』（新潮社）。行きはすぐ眠りに落ちたので読むことができなかったけれど、あとまだ25時間もある。じっくり腰を落ちつけて、ゆっくりページをめくることにした。

〝金江のおばさん〟と呼ばれる、在日コリアンのお見合いおばさんを軸に、彼女と交差する在日の人たちの姿が描かれている。自分が在日であることを切り出せずに、友人と溝が出来てしまう女子中学生、出自と家族からの横やりが理由で、なかなか結婚できないアラサー女子、帰化を悩み続ける男子高校生とその兄……。彼らのセリフや思いに触れるたびに、故郷の家族や親せきに会いたくなった。

二見港で見送っていただきました！

滞在中に売れて品薄になった生協の本棚

そして戸籍上は「元」在日韓国人である私自身が抱えていた、切ない記憶のかけらが蘇ってきた。

「私はどこに行っても楽しく過ごせるけれど、どこにいても旅人。帰る場所は竹芝桟橋の先の、にぎやかな街なのだろうな」

読了後、再び船外デッキを目指した。あたりはもう、一面の闇。空を見上げると、満月には1日早い月がどこまでもどこまでもついてくる。街で待っている大事な人たちの顔を思い浮かべながら、目を閉じて朝を待つことにした。

2013年5月

大海原に浮かぶ月がどこまでもついてきた

昭和のレジが活躍する それが「島の本屋さん」

伊豆大島（東京都）

10人乗りの世界的名機「アイランダー」の初飛行は1965年

東京都にある伊豆七島は、30年前の「離島ブーム」を牽引した。そのことに敬意を表して、まずはここから訪ねてみようと思い、伊豆大島へと向かうことに決めた。

暮れもおしせまったその日、10人乗りの飛行機「アイランダー」は満席だった。機体は時折上下しながらも、東京の調布からわずか30分で大島空港に到着。その日の都心同様、鉛色の重い雲。しかし空気は澄んでいる。揺れで冷やした肝は着いた瞬間、すぐに元通りになった。

「あの飛行機、風が強い日は絶叫マシーン並みに楽しめますよ。でも今までに、落ちたことはないから」

島の中心地の元町地区に店を構える、成瀬書店店主の成瀬田鶴夫《たずお》さんと妻の純子さんが、笑って出迎えてくれた。昭和20年代後半にオープンした成瀬書店は、田鶴夫さんで3代目。店を継いで10年になる。関東の大学に通い、その後は青山の方円堂書店で修行していたそうだ。

「祖父が本好きで書店を始めたんだけど、これがまた道楽じいさんでね。完済しましたけど、孫の代まで借金を残してたんですよ（笑）」

受け継いだものは借金だけではない。看板や昭和40年代に作られ、「壊れてお金を入れる箱」になってしまったレジをはじめ、店内のあちこちにレトロな香りが漂っている。伊豆大島が東京都であることを、忘れてしまいそうになる。

3代目の田鶴夫さん（右）と妻の純子さん

昭和20年代創業の成瀬書店

3代目ということで、さぞ昔から本が好きだったのだろうと思ったら。野球少年の田鶴夫さんは、学生時代はほとんど本を読まなかったそうだ。しかし25歳の時に小林信彦の『夢の砦』（新潮文庫）と出会ったことで、すべてが変わったという。

「小林さんは青山育ちで、自分も青山で修行していたから身近に思えて。以降オヨヨシリーズを始め、夢中になって読みました。彼が僕に本の面白さを教えてくれたんです」

伊豆大島は人口約9200人。その島に、本を扱う店は4軒。他の書店は文房具や雑貨なども置いているが、成瀬書店は書籍のみ。専業書店は、ほかの島でも結構珍しい。

小学校を退職した先生が作っている『大島ガイド』も陳列されていた。非売品だけど、訪れた人が閲覧できるようにファイリングしてある。大島でもフリーペーパーは、書店に置くのがお決まりなのだ。この連載が載っている、『LOVE書店』もぜひ置いて下さい！

しばらく話しこんでいると、少年3人が店にやってきた。うち1人が「ドラえもん」を購入。

「あの子は息子の同級生。小さな島だから、お客さんはどこの家の人かすぐにわかっちゃうんですよ」

その後すぐ、ハンディキャップを持つ女の子が、母親に手を引かれてやってきた。胸に大事そうに抱えるのは、発売されたばか

非売品の『大島ガイド』が閲覧できる

ただの“お金を入れる箱”と化したレジ

りの週刊少年サンデー。

「あの子は『犬夜叉』が好きで、毎週欠かさず読んでるんですよ」と、純子さんが教えてくれた。

「何してるの?」

珍しそうにカメラを覗き込む瞳。お店の撮影をしているんだよ、と答えると「バイバイ、また会おうね」と、笑顔で店を後にしていった。

小さな島だから、お客さんも店主も皆顔見知り。何を買ったかわかってしまうのは、ちょっと恥ずかしい時もある。でも知っている人がいるからこそ、誰もが安心して足を運べる場所にもなっている。本屋は「本を買う」だけの場所ではない。会話をし、ふれあい、安心を得る場所にもなれるんだ——。

その思いは次に訪れた冨士屋書店で、より強いものとなった。

成瀬書店の近くにある冨士屋書店

店内はとても奥行きがある

スーパーカブで配達をこなす
山田さん

顧客の記録はこの帳簿に
手書きで

やはり機能は果たしていないけど、スリップや小物を置いたり、お金を入れるのに重宝されているレジがここにもあった。御年76歳になる店主の山田重雄さんは、誰にどんな雑誌や本を配達しているのかを帳簿につけている。売り上げ管理の意味もあるが、実はそれだけではない。

「お客さんに『俺、この本買ったんだっけ?』って聞かれることもあれば、『この本誰か持ってる?』って聞かれることもあって。『この間買ったよ』とか『あの人が持ってるよ』って、教えるためのものでもあるんだよ」

何が何冊売れたか、ではない。誰がどの本を持っているのか。それを知ることが、伊豆大島では皆の幸せを作る素になっているのだ。

残る2軒の書店は、島の反対側の差木地地区にある。うち1軒は食料品がメインで雑誌が少々なので割愛。

フェリー乗り場がある元町から海沿いに、レンタカーを走らせること約30分。差木地地区の交差点脇に佐藤京子さんが切り盛りする、しまた土屋商店が見えた。

「なぜ佐藤さんなのに『しまた』と『土屋』?」

「どうして、書店なのに商店?」

という疑問はあるが、書棚を見渡すとマンガがずらり。書籍がメインの成瀬書店や雑誌が豊富な富士屋書店と並んで、大島の書店にはそれぞれカラーがある模様。

島の南西に位置する
しまた土屋商店

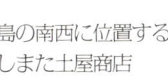

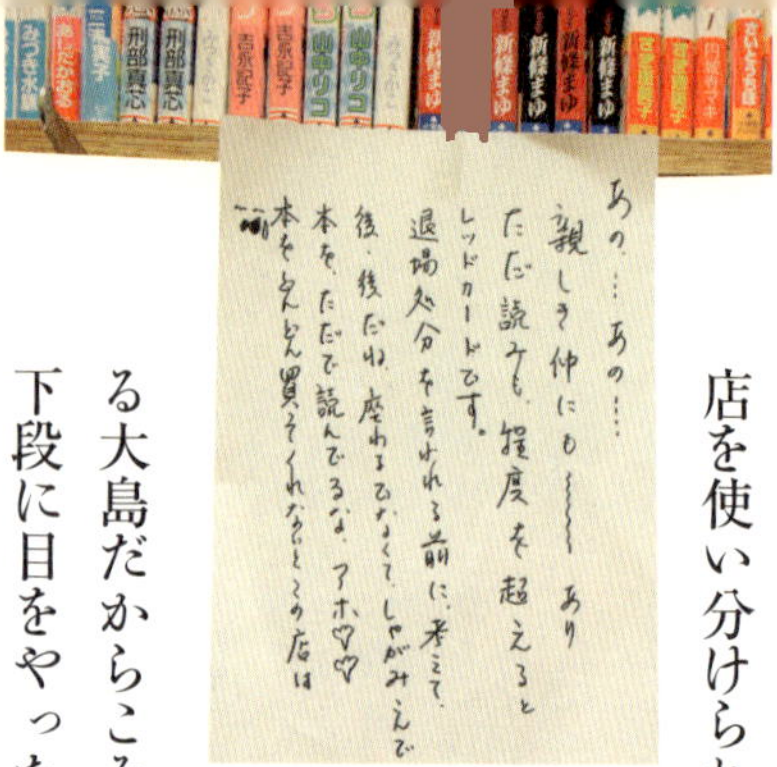

「座り読みはアホ」の張り紙は、地元小学生のアイデア

人口が１万人に満たない島なのに、欲しいジャンルに合わせて書店を使い分けられるとは。なんとぜいたくな！

実はこの付近に小学校から高校までと自動車教習所があるため、来店者の多くが若者。必然的にしまた土屋商店は、マンガ中心のラインナップになったようだ。

文具店も兼ねているせいか、棚の上にはなつかしのアサヒ靴の上履きが。ゆったりと時間が流れる大島だからこそ、お目にかかれたデッドストックの数々。しかし下段に目をやった瞬間、そんなノスタルジックな気持ちは一気に吹き飛んだ。

京子さんお手製の「立ち読み禁止」のポップがあり、これをよーく読むと、「座り読みはアホ」とまで書かれていたのだ……。

そして店内いたるところに立ち読みや万引きをいさめるポップが貼られていて、どれも結構カゲキな内容になっている。

「キツい口調のものは、遊びに来た小学生達が書いたんですよ」

あははと笑いながら京子さんが教えてくれた。先代が店を構えてから約20年。しょっちゅう顔を見せる地元の学生達は、京子さんにとって友達みたいなものなのだ。

彼女を慕い、お店の役に立ちたいと思う彼らの気持ちが「お客さん参加型ポップ」という形になっている——。

厳しい口調なのに愛を感じる注意書き

お元気なころの「しまた土屋商店」の佐藤さん

店主&客によるポップは、ふざける生徒に学級委員長が注意するようなもの。だから厳しい口調になっても、どこかに愛が漂っているのだ。

店と顧客が心地よい距離で結ばれている。それが、島の書店。次はどこに行こうかな。考えるだけでワクワクしてくる。たくさんの島と、たくさんの人と、そしてたくさんの本と出会えますように。そう思いながら、調布に向かう飛行機に乗り込んだ。

2005年12月

成瀬書店

東京都大島町元町3丁目1-5

冨士屋書店

東京都大島町元町1丁目2-4

しまた土屋商店 閉店

東京都大島町差木地クダッチ

あの時、その後

伊豆大島

島を訪ねてから約8年。成瀬書店に電話で「その後」を取材すると、田鶴夫さんが電話に出た。

「いい状態ではないですけど……なんとかやっています」

と、変わりなくいらっしゃることを教えてくれた。あの“お金を入れる箱”になってしまったレジも、現役で頑張っているそうだ。嬉しい。

一方の冨士屋書店は、半年前に経営者が代わっていた。当時76歳だった山田さんが高齢になったため、店のお客さんだった小関智さんが継いだのだ。

「山田さんはお店には顔を出しませんが、今もお元気ですよ」

とうかがって、ほっと胸をなで下ろす。しかし残念ながら、取材時には“スリップや小物を置いたり、お金を入れる箱”として使われていたレジは、もう店頭には置いていないそうだ。

「あっという間だった気もするけれど、8年って結構、長いんだな……」

少し残念な気がした。しかし同時に、その時だから出会えるものがあることも、改めて知った気もした。

そして——。しまた土屋商店に電話をすると、京子さんの兄嫁が出た。4年ほど前に京子さんは55歳の若さで亡くなり、店も閉じて建物だけになってしまっていること、しまた土屋商店自体は別の場所で、家具や雑貨を販売していると教えてくれた。京子さんが好きだと語っていた、『同じ月を見ている』（小学館）の作者・土田世紀も、奇しくも2012年に亡くなっている。どうか彼岸の地にいる2人が、マンガ談義で盛り上がれていますように。月を見上げながらそっと、願わずにはいられなかった。

昔懐かしい紙芝居が今日も物語を紡いでます

中通島（長崎県）

五島列島の中通島には、どうしても行ってみたいと思っていた。なぜなら現代の本屋が抱える問題を取り上げた、永江朗氏の著書『ベストセラーだけが本である』（筑摩書房）。その中で永江氏が絶賛していた酒屋&本屋のクラークケントがあるからだ。

長崎港からフェリーに乗り、福江島を経由して約2時間。中通島の奈良尾港に到着した。

島のあちこちにある教会を眺めながら車を走らせること約1時間。有川地区のフェリー乗り場近くにお目当てのクラークケントはあった。

「ここは南じゃなくて、西の島よ。3日前は雪だったから、今日にしてよかったね」

店主の原口麻理子さんは、お子さんが社会人とは思えない風情をたたえている。思わず「お姉さま！」と呼びたくなってしまう。麻理子さんはこの島の生まれ。愛知の大学を中退してから地元に戻り、「大好きな本を読みたくて」、1989（平成元）年にクラークケントを始めたそうだ。

「何でもはないけど、いいものあります」

を密かにキャッチフレーズにしているとおり、書棚には草柳大蔵が書いた人生訓『花のある人 花になる人』（グラフ社）や、西日本新

キリスト教会は島のあちこちに

平成の始まりとともに店を始めた店主の原口麻理子さん

クラークケントのモットーは「何でもはないけど、いいものあります」

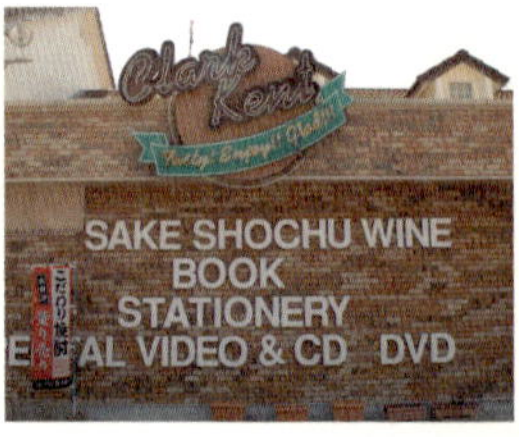

「サケ・ショウチュウ・ワイン・ブック」のクラークケント

聞社がまとめたブックレット『食卓の向こう側』などなど。ベストセラーだけではなく、麻理子さんが読んで感銘を受けた本も並んでいる。

「本屋はあなたの本棚じゃないって、怒られたこともあるんですけどね」

こだわりのセレクトは本だけではない。日本酒や量り売りされている焼酎なども、全国から選りすぐったものが並んでいる。メジャーかマイナーかなんて関係ない。好きなもの、愛しているもの（&そこそこの売れ筋）が、セレクトの基準になっている。

そしてフロアには、ひっそりと生花が飾られている。これはパートナーを組んで12年以上になる、佐野志津江さんの手によるものだ。

「風知草とか、野山に生えているものを使っているんですよ。でもお店にね、生きているものがあることって大事なんです」

と、生花を置く理由を佐野さんが教えてくれた。

生きているものがあることが大事。そのスピリットからなのか、子供達がお店に集まると、麻理子さんによる紙芝居の読み聞かせが始まることもある。しかも、昔懐かしい木枠つきだ。今日も母親に手を引かれてやってきた子供のために、ロシアの作家ミハルコフが60年代に描いた『うぬぼれうさぎ』の上演が始まった。

鉄砲を手に入れ、調子に乗るうぬぼれうさぎ。しかし狼が現れてさあ大変……。最初のうちこそ居心地悪そうにしていたけれど、ノ

スタルジーにひたるお母さんの隣で、子供もどんどん引き込まれていく。物語が人を惹き付ける力を持つことを、改めて感じてしまったほどだ。

「本屋が酒屋を、酒屋が本屋を助ける時代がそれぞれあったけど、今は酒屋が本屋を助けている状態かな。でも好きだから、ずっと続けたいんです。そのためにも頑張って、お酒と雑貨を売らないと」

そう語るとおりクラークケントの売り上げも、今では本よりお酒がメインになっているそうだ。でも麻理子さんがいる限り、きっとこの島から本好きが消えることはないだろう。だってこの店に並んでいる本には、そのほとんどに血が通っているから。

そしてもう一つ、上五島地区に来たかった理由があった。それは取材日（3月31日）をもって、上五島空港から長崎空港への定期便が廃止され、空港も休港してしまう。上五島空港が利用できる最後の一日を、この目で見届けたいと思ったからだ。

小さな空港に到着すると、ラストフライトを見送る人達でごった返していた。

「うどん食べていかない？」

カウンターの向こうにいるお姉さんが、声をかけてくれた。何でも今日は、名物の五島うどんを訪れた皆に大盤振る舞いしているそうだ。

「今日みたいに晴れていればいいけど、よく欠航したのよね」

空港内の食堂もこの日が最後

「うぬぼれうさぎ」の紙芝居

「廃止しないでって署名もしたのにねぇ」

集まった皆が、残念そうな顔をしながらあれこれ話している。

本屋に限らず、離島の抱える問題は深い。東京から来た余所者はかける言葉が見つからないまま、離陸の時間になってしまった。

今日は特別だからと、制限区域内にも島の人が並ぶ。皆に見送られながら宙に浮いた「アイランダー」は、上昇しながら別れを惜しむかのように、何度も空港の上を旋回していた。

２００６年３月

特徴的な屋根の上五島空港

2006年3月31日、上五島空港でのラストフライト

クラークケント
長崎県南松浦郡有川町七目郷 957-6

あの時、その後

中通島

「私は元気だけど、お店は元気じゃなくなってしまって」

麻理子さんは、電話口でそう言った。今も変わらず酒屋&本屋だけど、お酒は「本よりはマシ」。2006年3月に取材した時よりも、今はもっと本を売ることが難しくなっているのが、声から伝わってきた。

「だから過去のことを載せても、意味がないと思うんです」

そう言われてしまった。でも写真や文章には、過ぎてしまった時間を伝えるという役割もあるはず。確かに今と当時では、いろんなことが違うかもしれない。でも2006年に見た景色を、もう一度誰かに伝えたい。この取材が何の力にも、何の役にも立たないことはわかっている。それでも、五島列島の中通島にあるクラークケントに行ったことを、なかったことにはできないし、したくなかった。いつそんな機会を得られるかはわからないけれど、今度は電話ではなく、会ってまた話がしたい。

そう思いながら受話器を置いた。

図書館司書にして書店員
日本最北端の「本の窓」

礼文島（北海道）

日本最北端書店のエンブレム

「図書館が一緒になった本屋が礼文島にあるらしい」

そんな情報を聞きつけたのは、2006（平成18）年春のこと（2012年になって佐賀県武雄市に図書館&本屋&スターバックスコーヒーの複合施設がオープンしたものの、当時はまだ全国的に、本屋と図書館が一緒になった施設は珍しかった）。しかも礼文島の人口は約3000人。これはぜひとも訪ねたい。そう思いたち東京から飛行機で約2時間。宗谷岬に立ち寄ったあとフェリーに揺られて、最北端の島を目指すことにした。

目指す先のBOOK愛ランドれぶんは、フェリー港近くにあった。

1993（平成5）年10月。まだ専業本屋がなく、小中学校の図書館も蔵書が少なかった島の人達は、稚内や札幌まで足を伸ばさないと、読みたい本を手に入れることができなかった。そこで出版文化産業振興財団のサポートを受けて、郷土資料館だった場所を改装。全国でも珍しい町営書店と図書館のミックス施設がオープンすることになったのだ。

オープン当初はものめずらしさもあって大盛況！　1年間に4390冊の本が売れ、1858冊の本が貸し出されていった。その後も図書館は順調に伸び、2005（平成17年）年は3812冊の本が貸し出された。しかし反対に、本の売り上げの方は年々減少し、直近は16114冊と、実に半分以下に落ち込んでしまった。

全国でも珍しい町営の書店

BOOK愛ランドれぶんは図書館と併設されている

稚内と島を結ぶ
フェリー

「インターネットの普及や人口の減少など、原因は色々考えられるのですが……」

管轄する礼文島教育委員会の今野直樹さんは、ちょっと寂しげな表情を見せた。

礼文島は平地が少なく、山が多い。冬には強い雪風が吹きつける。観光客が目指すスコトン岬は島の反対側で、フェリー港周辺は通過するだけの場所になりがち。島で働く人達はとにかく忙しく、過疎も進んでいる。1歳の子供とやってきた礼文生まれのお母さんも、結婚して稚内に住んでいるそう。厳しい自然の中の本屋は、置かれている状況も厳しいようだ。

それでも、本を買う人が島からいなくなった訳ではない。海が凪いでいる日は多くの人がウニ漁に出てしまうが、悪天候の日には朝からお客さんがやってくる。島外から来た団体客には島のガイドブックが人気。だけど島の人達がよく手に取るのは、宮部みゆきや大沢在昌、そして西村京太郎や内田康夫などのサスペンスブックスだそうだ。

「稚内や利尻に行く、フェリーの待ち時間や船内での暇つぶしにちょうどいいんだと思います」

と、司書兼スタッフとして働く地元育ちの和田いくみさんが、伏し目がちに教えてくれた。フェリーで読む鉄道サスペンス。離島ならではの楽しみ方かもしれない。

凪の日は漁がさかんで、本屋のお客さんが少ない

ユースホステルのヘルパーさんと名物の幌トラック

セレクトは和田さんに一任されているため、ベストセラーや新刊、定番以外はお客さんの希望があってから購入を考えるそう。

図書館に置く本は「飽きの来ないもの」「内容がキツすぎないもの」を基準に選んでいるが、カゲキな内容ながらも読みやすさから、島の中高生に大人気を博した小説があるという。それは援助交際を繰り返す女子高生やホストの青年を描いた、Ｙｏｓｈｉの『Ｄｅｅｐ Ｌｏｖｅ』（スターツ出版）。瞬く間にウワサは口コミで広がり、和田さんの親御さんまでもが読んだ。

「読み終わって『すごいね』って言ったきり、多くを語りませんでしたけど……（笑）」。

２００６（平成18）年4月から教育委員会で働く瀧澤静さんも『Ｄｅｅｐ Ｌｏｖｅ』にハマった1人。神奈川で大学生活を送った彼は、この本が礼文島でなぜ人気なのかを語ってくれた。

「同年代の子達が、島じゃ考えられないようなカゲキな青春を送っている。これを読んで、都会に思いを馳せているんですよ」

まだ見たことがない世界。それを「読むこと」で知り、想像を膨らますことができる。私自身も子供の頃に少女まんがの『エースをねらえ！』（ホーム社）を読んで岡ひろみとテニスに憧れ、『夜と霧』（みすず書房）でホロコーストの陰惨な現実に涙した。しかし、どちらも自分の目で見た訳ではない。でも感じることや想像することはできた。『Ｄｅｅｐ Ｌｏｖｅ』で都

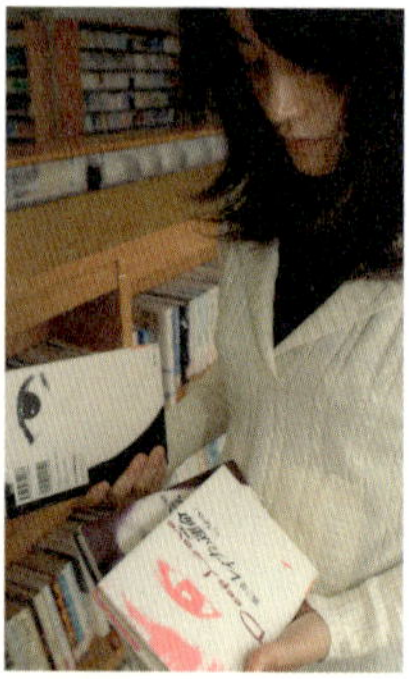

図書館の司書と書店のスタッフを兼ねる和田いくみさん

大人も『Deep Love』にはまった

礼文といえばウニです

会の青春に思いを馳せる若者たちは、まさにそれと同じ。本の持つ力や愉しみを、彼らもちゃんと味わっている。だからきっと、この島の本はずっと生き残っていける。

そうこうしている間に、本土に戻る時間が来てしまった。お世話になったユースホステル「桃岩荘」のヘルパーさん達に熱烈に見送られながら、フェリーはゆっくりと香深港から離れていった。「いってらっしゃ〜い！」の声を背中一面に受けて。

２００６年９月

BOOK 愛ランドれぶん
礼文郡礼文町香深字トンナイ

お世話になったユースの仲間に見送られて出港！

あの時、その後

礼文島

「BOOK 愛ランドれぶんです！」

電話越しに、明るくはじけるような声が聞こえてきた。伏し目がちでしっとりしていた、和田さんの印象とギャップがあるような……。電話に出た方は、昨年からスタッフをつとめる藪谷映里さん。藪谷さんも礼文育ちで、和田さんの高校の１年後輩。今まではお客として来ていたが、和田さんの職場が変わる際に、バトンタッチした。和田さんは転職された今も島内で暮らしているそうだ。

教育委員会に電話してみると、今野さんも瀧澤さんも、別のところに異動されていた。当時を知っている教育委員会の藤沢隆史さんによると、「皆さん頑張って仕事している」とのことで、ひとまず胸をなでおろす。そして藤沢さんによると、BOOK愛ランドれぶんは赤ちゃんや子供向けのコーナーが拡張して、保護者用のスペースも広くなったそう。

取材時よりスケールアップしてるなんて！ ぜひこの目で、確かめに行きたいと思った。

みんなのための一冊
ひとりのための一冊

生口島（広島県）

弓削島（愛媛県）

凪の瀬戸内海。夕方も絶景

海が凪いで、静かに時を刻みながらキラキラ輝いている。

以前に冬の瀬戸内海を初めて訪れた時も、まったく同じことを考えていた。本州から四国を結ぶ「しまなみ海道」を使い、特産のレモンと故平山郁夫画伯の生地として知られる生口島《いくち》に着いた頃には、空は雲ひとつなく晴れ渡っていた。

「瀬戸内海は海水温が高いから、冬もおだやかで温かいんです」

と語るのは、島で22年間本屋を続ける友文館の、根葉博文さんだ。根葉さんは東京で過ごした大学時代に、システム工学を学んだバリバリの理系。卒業後は某出版社の営業として働いていたのだとか。でも、「もう営業マンはいい」と思い一発発起。Uターンして本屋を始めたそうだ。今では店のすぐ近くで「趣味のみにあらず」の菜園も手がけるほど、島にどっかり根をおろしている。

「あの頃はね、本屋と喫茶店は誰でもやれたんです」

とうそぶく根葉さん。だけどオープン当時は4軒の本屋があった生口島も、今では友文館だけ。誰もが続けられるものではないはずだ。

「……この地域に、必要とされるようになったからかもしれません。エンターテインメントショップだから、本以外にも色々あるんですよ」

現在の売り上げは本が半分、CDと文具販売、レンタルソフトの売り上げが残り半分。友文館は島で暮らす人のために、本に限らず広く文化を発信しているのだ。

出版社での営業経験がある根葉代表

生口島で唯一の書店となった友文館

「2006（平成18）年に尾道市に合併されてしまったし、ウチも後継者を募集しているほど（マジです！）人手が足りない島だけど、島には島の良さがある。だからここで、人を楽しませることをしていきたいんです」

本は雑誌とコミックが約6割、書籍が4割。『新みかんでぐんぐん健康になる本』（BABジャパン）があるのは、いかにも柑橘類の名産地らしい。また、根葉さん曰く「あんまり売れない」がビジネス書コーナーもあり、『人を動かす』のデール・カーネギーをはじめとして、これが結構充実している。

「ビジネス書は売れなくても、必ず置いておきたいんです。だって本屋だから」

品揃えに偏りがあったら、本屋とは呼べなくなってしまう。だから売れなくても置く。この島のビジネス書は「売れない一冊」に見えても、実は「そこが本屋であるために必要な、みんなのための一冊」なのかもしれない。

さらに隣りの因島を経由してフェリーに乗り、愛媛県の弓削島を目指した。弓削島はしまなみ海道から外れているため、主な交通手段はフェリーのみ。隣の2島と合わせても人口約3600人の、小さな島。だけどここには、はなぶさ書房があるのだ。

フェリー乗り場から徒歩3分。店の前にベンチがあるはなぶさ書

生口島ならではのベストセラーも

因島を経由してフェリーで弓削島へ

口コミでヒットした
『千の風になって』

房に到着すると、店主の英《はなぶさ》俊夫さんと兄嫁の玲子さんが迎えてくれた。俊夫さんが障害を持っているため、玲子さんも店に立っているのだ。

近所に学校があるせいかコミックと雑誌が多いが、書籍もなかなかの品揃え。時には、玲子さん発信の島内ベストセラーが生まれることもあるそうだ。

たとえば２００６（平成18）年の紅白歌合戦で注目された『千の風になって』（講談社）。それよりもっと前に玲子さんは手にとっていた。感銘を受けて趣味のコーラスやボランティア仲間に勧めたところ、10冊以上売れた。

「必要にかられて読む本じゃないけど、癒される本だったので、手許に置いておきたいと思ったんです」

テレビの力よりも口コミの力で、本が皆の手に渡っていく。島の本屋は、まさに情報発信元なのかもしれない。

しかし、はなぶさ書店が力を入れているのは、ハードカバーだけではない。岩波新書や講談社ブルーバックスなど、新書が棚の１コーナーを丸々占拠している。レジ前にも並ぶほどだ。とはいえこの新書、『バカの壁』や『国家の品格』（ともに新潮新書）みたいなベストセラーはともかく、普段はほとんど動きがない。ではなぜ置くのか？　それは俊夫さんの好みによるところが大きい。

「動きはないんですけど、俊ちゃんが好きだから仕入れる本も多い

はなぶさ書房の店主、
英俊夫さん

本書カバーにもなったはなぶさ書房の店構え

「俊ちゃんの本棚」のような
新書コーナー

んです。もしかしたらこの店そのものが、俊ちゃんの本棚なのかもしれない」

と、玲子さんが教えてくれた。

世界中どこにでも、好きな時に好きなだけ出かけるのは、誰にとっても難しい。でも実際に出かけなくても、本で世界を知ることはできる。そう、たくさんの本は時として、一人に力を貸してくれることがある。この島の新書たちは、まさにそれを教えてくれるものだった。

窓の外を見ると、ちょうど太陽が沈む時間になっていた。この島名産のみかんのように明るく温かく、そして優しい色を放ちながら、それは一足先に、明日に向かって旅立っていった。

２００６年12月

はなぶさ書房

愛媛県越智郡上島町弓削下弓削 332

メディアショップ友文館

広島県尾道市瀬戸田町中野 408-59

あの時、その後

生口島・弓削島

「何とか生きてます」

昨年還暦を迎えた根葉さんは、電話口でそう語った。2012年から米づくりもスタートし、取材時から続けていた畑は60坪から200坪に広がり、“第三の人生”を謳歌している真っ最中。ただ書店の方は、110坪から70坪へと縮小したと語った。

「40坪分でカフェをやりたいんです。手作りでだいたい形は整えたんですが、運営をしてくれる人を探していまして。誰かいませんかね？　でもまずは『コンセプトを考えないと』って言われたので、そこから始めようと思います」

なんと、新たなチャレンジのための縮小だったとは!

「もがきよるだけ!　下手したら海水飲んで、沈みよるけん!」

笑いながらそう語ったけど、まだまだ、第三の人生は続いていく予感だ。

そしてはなぶさ書房にも電話。俊夫さんとしか話せなかったが、お元気で変わりなく続けていらっしゃるようだ。「忙しいから」とのことで、少しだけお話して受話器を置いた。変わっていくことと、変わっていないこと。そのいずれもが嬉しい。そう思えた。

Uターン青年と築100年の本屋

周防大島（山口県）

周防大島には、会いたい人がいた。「離島の本屋」が連載されている『LOVE書店!』はフリーペーパーだけど、人口約21000人、とりわけ65歳人口比率が高いこの島でも、フリーペーパーが発行されていると聞いたからだ。

JR山陽本線の大畠駅で降り、大島大橋を渡る。そこから海沿いに車を走らせること約20分。フリーペーパー『島スタイル』の編集部を訪ねた。

「2004年にUターンしてきたんですよ」。

家業を継ぐために島に戻ってきた、編集長の大野圭司さんを動かしたのは、13歳の時に出会った『世界の村おこし・町づくり』(講談社現代新書)という本だった。

「読んだ当時から周防大島は高齢化が問題になっていたのですが、この本には小さな自治体が生き残るための、ヒントがぎっしり詰まっていて。何度も読み返しています」

同級生や友達の多くは、今では島外に住んでいる。しかし島が嫌いになった訳ではない。仕事がないから、やむを得ず出て行くのだという。

「島内で勤め先を探すのではなく、自分の手で事業を起こせば、島で生活できるし島も活気付くはず」

そんな思いから企画も取材も1人でこなしているが、まだまだ活動の和が広がっていないのも事実なのだそうだ。

フリーペーパー『島スタイル』編集長の大野圭司さん

13歳の大野さんを動かした『世界の村おこし　町づくり』

「でもこの先もずっと続ければ、新しい道が開けると思います。ここで楽しく生きていくために、やりたいことや変えたいことがたくさんあるんです」。

自分の生まれた島を支えるために、島で生きる方法を模索している大野さんだが、実は本はネット通販か、隣県にある大手書店で買っていると語る。

「美容院に行くついでに、広島で買っちゃうんですよ。規模が大きいし、種類が揃ってるので」

周防大島に本屋は3軒。そのうちの1軒のつるや鶴田書店は、海沿いの国道脇にあった。1904（明治37）年に建てられた建物は小ぢんまりしているが、歴史の重みを感じさせる。ガラス扉をスライドすると、3代目の鶴田進さんが出迎えてくれた。

「島と柳井市をつなぐ大島大橋は、1976（昭和51）年にできたんですよ。それまで本は船で届いていたんだけど、途中で荷物がなくなることもあってねえ」

いわく戦前は醤油店だったが教科書も扱うようになり、戦争で醤油が手に入らなくなったことで、本屋にシフトしていったそうだ。とはいえ醤油店時代の面影を残すものは、レジ上にある醤油壺のみだ。

「自分が小学生の頃は、島内のあちこちでこの壺を見かけたんだけど。これも人の家にあったものを、お願いしてもらったものなんで

山本浩二世代の鶴田進さん

明治時代に建てられた鶴田書店の建物

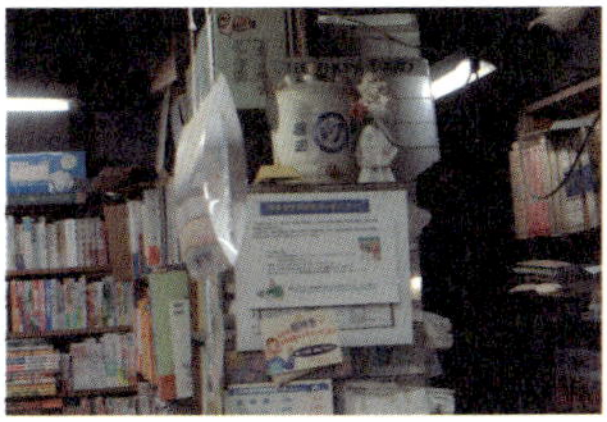

醤油店時代の面影を残す醤油壺

す」。

自らを「山本浩二世代」という鶴田さんは東京の大学を卒業したあと、8年間サラリーマン生活を送った。その後Uターンして、同店を20年以上切り盛りしている。

棚に並べられているのはマンガが約4割、そして新書が2割。残りが文庫とハードカバー。一見した時は確かに個性がない、規模の小さな本屋のように見えた。しかしそれは、大きな間違いだった。レジ脇の棚を占有しているのは、民俗学者・宮本常一の本。ルーツは周防大島で神戸が拠点の『みずのわ出版』（現在は周防大島に移転）が発行するシリーズも置くなど、かなり充実した品揃えになっていた。都内の本屋でも、ここまで充実した宮本コレクションはそうそうお目にかかれない。

それもそのはず。離島や僻地など全国あちこちを巡り、人々の暮らしをリアルに描いた宮本常一は、実は周防大島出身。まさに小さな島の、大きな誇りなのだ。

「先生の本は自分の趣味で集めてるんだけど、その中で一番読んで欲しいのは『忘れられた日本人』（岩波文庫）と、絶版になってしまった『私の日本地図』（その後、未来社から復刊）です。特に『私の日本地図』のあとがきには、『島で生きるためにはどうしたらいいか』について書かれているんだけど、それを読むと、自分もグッとくるんですよ」

全国から注文が来るという宮本常一コレクション

島で暮らすために島で事業を立ち上げた大野さんが雨の瀬戸内を見つめる

この豊富な宮本コレクションを求めて、全国から注文が来るという。

「地元の本屋でも買えるはずなのにねえ。でも瀬戸内には村上水軍ものが豊富な、同じにおいの本屋があるらしいですよ」

と進さんは笑った。確かに本はいまや、全国どこでも買える。でも作者が育った町にある本は、作者を包んだ空気を知っている。ファンにとっては、格別なものなのだ。

この島にしかいない人がいる。そしてこの島にしかない本屋がある。発信する者、ファンを呼び寄せる場所。互いに立場は違っても、「この島が好き」の思いはきっと同じ。

「両者が交錯すれば、もっと素敵なのになあ」

そんな思いを少しだけ抱きながら、大島大橋を本州方面に向けて車を走らせた。

２００６年12月

つるや鶴田書店
山口県大島郡周防大島町
大字久賀 4516

あの時、その後

周防大島

「え？　連載が本になるの？　紙がもったいないから、うちは載せなくていいよ～」

鶴田さんに書籍化のことを説明すると、そう返ってきて思わず脱力した。でも、どこか飄々としていた鶴田さんの表情が、一瞬にしてよみがえった。お元気そうだ。お店は今も、同じ場所で続けていると教えてくれた。

大野さんとは以前からFacebookでつながっているので、『島スタイル』を続けていることと、周防大島でのキャリア教育講師をされていることは知っていた。そしてこの2013年、経済産業省の創業補助金を得たことで、島スタイルを株式会社にすべく進めているそうだ。

「多くのハワイ移民を輩出した精神を受け継ぎ、起業家精神溢れる人材を育てたい」と、UIターン起業家の発掘と育成や起業支援、長期実践型インターンシップなどを計画している。結婚して父となった今も、変わらず夢に燃えているようだ。頑張れ!

「おもしろい本は意外に売れないんだよね」

江田島（広島県）

江田島には広島・宇品からフェリーで上陸

広島市の宇品港からフェリーに乗り江田島を目指したのは、2006（平成18）年の冬のこと。

かつては海軍兵学校、現在は海上自衛隊第一術科学校があることで知られるこの島には、書店が5軒あると聞く。うち1軒の沖書店を切り盛りするのは、75歳の沖礼子さんだ。

島に書店がないことを嘆いた初代の定松氏が、1940（昭和15）年にオープンした沖書店は、現在で3代目。旧能美町地区の教科書を扱っていることから、教科書と雑誌がメインの品揃えになっている。45年以上教科書供給業務に従事した「教科書供給功労者」として、文部科学大臣から表彰されたこともあるそうだ。

「主人が亡くなって20年近くになりますが、今後は息子が店を続けると言っています」

息子の也寸志さんは、江田島市議会議員（当時）。約20年前に構えた現在の店舗を改装したいと考えているが、本が売れない今、なかなか思い切れないと礼子さんは語る。

礼子さんが、店の奥にある倉庫に案内してくれた。高橋和巳、村上春樹、『大鏡』に『御伽草子』……。注文がキャンセルになってしまった本が、そこには置かれていた。

「返品できないし売れないからと、捨てたら灰になってしまいます。貧しい時代を知ってる戦中派だから、もったいなくて。それに誰かに読んでもらえれば、本は生きると思うんですよ」

沖書店を切り盛りした
沖礼子さん

島の本屋が抱える悩みが、ここにも存在していた。でも時には、嬉しいこともあるそうだ。

「この間〝息子に頼まれたから〟と、22歳の子の親が『白洲次郎 占領を背負った男』（講談社文庫）の注文に来たんですよ。テレビで取り上げられたのがきっかけみたいでしたけど、戦争を知らない世代が、こういう本を選んでくれたのはすごく嬉しかったですね」

他メディアがきっかけになって、今まで眠っていた本が生き返ることがある。それが喜びを生む。礼子さんの笑顔から、そんな思いが読み取れた。

実はこの島に来た理由は、もう一つあった。それは周防大島で出会った大野圭司さんから、「江田島にもフリーペーパーがある」と聞いたからだ。

江田島の暮らしを紹介する『Ｂｒｉｄｇｅ』編集部を訪ねると、岡本礼教《あやのり》さんと弟の弘晃さん、礼教さんの妻の容子さんが迎えてくれた。

人口約3万人。年々人口が減っているこの島で、若い人が何かをするきっかけが作れれば。そう考えてフリーペーパーを発行し続ける岡本兄弟の力を借り、一路目指したのは、なんと海上自衛隊第一術科学校。島内でチェーン展開する書店・奇報堂のうちの1軒が、この中にあるのだ。

奇報堂は1915（大正4）年にオープンした、新聞と雑貨の店

フリーペーパー『Bridge』編集部。右から岡本弘晃さん、礼教さん、容子さん

戦時中に開店した沖書店の店内

同じ島内にある
奇報堂江南店は
いまも健在

が発祥。そこで扱っていた新聞を見ると、毎日〝奇〟ばかりが報道されていた。だから〝奇報堂〟と名づけたのだと、道中で合流した中村和之専務が教えてくれた。

自衛隊員のために作られたという術科学校店では、『海上保安六法』や『総合海事用語辞典』など、納得がいくものばかりがズラリ。『パール判事の日本無罪論』（小学館文庫）は隊員に、海上自衛隊新聞社が発行する『海上自衛隊艦艇と航空機集』は、お土産用によく売れているそうだ。

しかし『パール判事』のようなヒットは、例外らしい。

「10年ほど前から、本屋としてのこだわりが持てなくなってしまいました」

奇報堂の売り上げの7割を支えているのが、雑誌とコミック。理由はわからないが、ここ2～3年で、売り上げ全体がガクっと落ちたと中村さんは嘆く。

「ちょうど10年前に〝ホンビニ〟にしようと思って、本店にたばこや他のものを置くようになったんです。その結果今や、店の3分の2がたばこになってしまいました。一人前の本屋になりたいと思っているのに、人口そのものがどんどん減少している。事態は深刻です」

しかしそんな中村さんを支える存在がある。それは弘晃さんだ。たとえば第4回本屋大賞は逃したものの、5位にランクインした『図書館戦争』（メディアワークス）。そして45年以上も続く小説『宇

奇報堂の中村和之さん

海上自衛隊第一術科学校正門。このなかに奇報堂の支店があった

島の海にはカキ
柵が広がる

宙英雄ローダン』（ハヤカワ文庫）シリーズなど。弘晃さんのリコメンドがきっかけで、入荷した本がここにはあるのだ。

「あんまり売れんかったですけどね」

ちょっと申し訳なさそうな顔で、弘晃さんは笑った。

「読んで面白い本は、意外と売れないんだよね」

そう言って和之さんも笑った。

そこにいる人、そこに来る人。両者の心の距離が近くなれる場所。

それも、離島の本屋なのかもしれない。

「今度こそ牡蠣を食べよう。そしてじっくり、この島で本を選ぼう」

慌てて飛び乗った広島港行き最終フェリーの中で、一人そんなことを考えていた。

2006年12月

沖書店

広島県江田島市
大柿町大原 518-2

奇報堂（第一術科学校店）閉店

広島県江田島市
江田島町無番地

あの時、その後

江田島

沖書店に電話をすると、息子さんの也寸志さんが出た。店を継いでいることと、礼子さんが2012年末、亡くなったことを教えてくれた。「お写真を掲載してもいいですか」と尋ねると也寸志さんは、

「母の供養になりますから、ぜひお願いします」

と言ってくれた。私だけではなく、多くの人が別れ際に「また会いましょう」と言って去るものだけど、その「また」が来ぬまま会えなくなってしまう人がいる。礼子さんの優しいたたずまいを思い出すと、目頭がきゅんと熱くなった。

フリーペーパー『Bridge』(http://briiidge.blog71.fc2.com/)の岡本礼教さんに連絡すると、『Bridge』も礼教さんも、容子さんも、弘晃さんも元気だと語った。

そして第一術科学校にあった奇報堂は撤退し、跡地はコンビニになってしまったそう。ここも「あの時」だから出会えた景色なのだと実感。とはいえ中村さんは江南店を続けていらっしゃるので、牡蠣グルメの広島旅の際には、ぜひ寄ってみて!

島の本屋の存在理由は そこに「ある」ことと見たり

篠島（愛知県）

三河湾にのぼる朝日

闇を切り裂くように、真っ暗な海をまっすぐに進む高速船。18時20分発の最終便には、制服姿の高校生がいっぱいだった。

「もっと早く着く予定だったのになあ……」

名古屋から電車で約1時間。知多半島の河和港からさらに船で30分。意外と近いと思っていたから午後に東京を出発したら、すっかりあたりは暗くなってしまっていた。

しのじま、と聞いてもピンと来ない人のために、少しだけ解説を。かの『日本書紀』に〝御贄所《おんにえどころ》〟と記されたこの島は知多半島の先端から約4キロの距離にある。隣の日間賀島とともに三河湾国定公園に浮かんでいて、人口は約2000人。海老やふぐなどの魚介類が名物で、なかでも鯛は、1000年以上も伊勢神宮に献上され続けているのだそうだ。どこか神秘的なこの島にも本屋があると聞いて、私はいてもたってもいられなくなった。でももう夜も更けてしまったので、朝を待つことにした。

そして朝、覚ました目に映ったものは、海の向こうに浮かぶ日輪。島だからこそ見ることができた天然美に心を踊らされながら、一路小久保書店を目指した。

成人したお子さんがいるとは信じがたいほど若々しく、そして笑顔が素敵な小久保鈴子さんが切り盛りする小久保書店は、約40年前にオープン。ちなみに隣の日間賀島には本屋がなく、コンビニのみなのだそうだ。

小久保鈴子さんと
小久保書店

小久保書店は元銭湯。でも、この体重計は無関係

ここにもまた昭和のレジが…

「本屋は主人の両親の代からで、その前は銭湯でした。その頃から雑誌も販売していましたけど、お風呂が一家に一つの時代を迎えたことで、本の販売にシフトしたんです」

当時から愛用しているレジは、動かないのでお金を入れる〝箱〟の役割しかはたしていないそうだが、これはもはや「離島の本屋」ではスタンダード。しかし店の中に体重計があるというのは、銭湯時代の名残りですか？

「ああ、それはお風呂を改装したときにここに置いたもので、私の体重チェックに使ってます（笑）」

最近はあさのあつこの『ラブ・レター』（新日本出版社）に出てきた海老カレーを作ってみたと語る鈴子さんは、公務員の旦那さんと2人暮らし。お子さんが独立したこともあり、カレー作りは久々だったそうだ。店に立つのは鈴子さん1人。いつお客さんが来るかがわからないので、おちおちトイレにも行けないのが悩みだと語った。

店の中は雑誌を中心とした本が3割、文具が3割、それ以外が2割で倉庫スペースが2割。若い女性の多くが母で、未婚のOLさんがめったにいないこの島では、OL向け女性誌はあまり売れない。それでも、〝名古屋嬢御用達〟の女性誌『Ｃｈｅｅｋ』（流行発信）や『スパイガール』（同・現在休刊）が並んでいるのは、東海地方ならではの光景だ。

ケムンパスやベシのキャラがクール！

お菓子や鈴子さんの代から扱い始めた、ファンシーグッズも棚を飾っている。ケムンパスやベシなど、赤塚不二夫御大の『もーれつア太郎』キャラが描かれた児童書の陳列什器は、鈴子さんのお気に入りだ。

「雑貨はあまり売れないんだけど、なくなるとさびしいし、『ないの？』ってお客さんに聞かれるんです（笑）。

でもそれよりも本が動かなくて。置いてもあまり売れないから、先代の時代に比べて雑誌の取扱量も5分の1になってしまいました。夏に観光で来たお客さんに『なんで文庫が少ないの？』って聞かれてショックだったけれど、注文してから届くのに1か月近くかかってしまうから、待てる人の分しか注文も受けられないんです」

オープンした当時は、容易に島を出る手段がなかったことや他の娯楽が少なかったこともあり、本が大いに売れたそうだ。しかし高校の分校が閉鎖されるほど人口が減ってしまった今は、残念ながら島内にひと気がない。でもそれでも、島にとってはたった一軒の書店。毎週同じ日に同じ週刊誌を求めに訪れる人、待ち合わせ場所代わりに使う中学生……。多くの人が、ここを訪れている。

「大変だけど、それでも毎週買いに来てくれる人がいるから、続けられるうちは続けたいですね。それにたとえウチで売れなくても、皆が本をどこかで手に入れて読んでてくれれば、それでいいと思ってるんですよ」

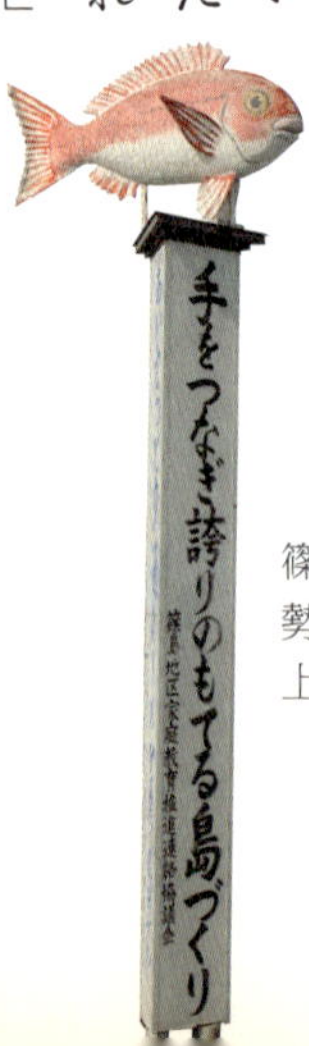

篠島の鯛は伊勢神宮にも献上される

いまや懐かしい感のある"名古屋嬢"ご用達マガジン

小久保書店 閉店

愛知県知多郡南知多町大字篠島字神戸79

島で育った人たちにとっては、「本屋がある」ことが意義になっている。そのことを鈴子さんもよく知っている。そう、本屋がない島だってあるなかで、「ある」ことは、とても大事な意味を持つのだ。ほらまた一人お客さんが、スクーターに乗ってやってきた。「今日は週刊新潮の発売日だからね」と、お目当てをつかんでぱっとレジに持っていくおかあさん。その間わずか20秒。篠島の人たちにとっては小久保書店を訪れることが、人生の中の「当たり前のこと」になっているようだ。

2007年11月

海産物が名産の篠島

あの時、その後

篠島

「おかけになった電話番号は現在、使われておりません」

嫌な予感がしたが、番号間違いかもしれないと思ってかけ直した。何度かけても、同じ案内が聞こえてきた。鈴子さん以外、篠島に知っている人はいない。そこで篠島にある、南知多町役場のサービスセンターに問い合わせた。すると小久保書店は閉店したことと、鈴子さんは島外に引っ越されてしまったことを教えてくれた。島でたった1軒の本屋は、今はもうない。

今年5月末時点の、篠島の人口は1816人。2008年9月は1946人だったので、5年で100人以上減っていることになる。

「私が子供の頃には高速船はなかったけれど、今は東海市や半田市ぐらいまでなら通勤できますよ」と、取材時に鈴子さんは教えてくれた。高速船は便利さをもたらしたけれど、本屋の明かりは消えてしまった。

海の向こうの日輪や、赤塚不二夫マンガのキャラクター、ケムンパスやベシが描かれた陳列什器や、鈴子さんの笑顔のことはよく覚えている。もう会えなくても、どこかで笑顔でいてくださったら。今はただ、そう思っている。

本屋がない島の「自宅内図書館」奮戦記

与那国島（沖縄県）

居心地のよさについ長居してしまう

石垣島より先には、本屋がない。

沖縄を訪ねたい気持ちはずっとあった。しかし竹富島や波照間島など、先島諸島の多くには、本屋はおろか公立図書館すらない。生活のかたわらに本がない。残念ながら、それが離島の現実なのである。

しかし与那国島には、子供達に本の面白さを知ってもらうべく、自宅に私設図書館の「おはなし館文庫」を作っている人がいる。そして週に1度、小学校で絵本の読み聞かせも行っているらしい。そんな話を聞き、思わず与那国まで来てしまった私を、主宰する田頭《たかみ》恵子さんが迎えに来てくれた。

沖縄の在来種で野生のヨナグニウマが静かに草を食み、そのすぐ近くでは放牧されている牛が、のどかに時間を過ごしている。景色のほとんどが緑と青に彩られているかわりに、本屋や図書館はない。そんな与那国に住む人達に、本と触れ合う機会を持ってもらいたい。そう思い1998（平成10）年に自宅の一部を開放して、絵本を置き始めた。最初のうちは石垣島の図書館に借りたり、他県の小学校から本を譲ってもらったり。そうこうしているうちに本は増え続け、今では一部を倉庫に保管するほどにもなった。

脇には娘の瑠都さんが営む、プレタポルテ『衣瑠都』がある。瑠都さんは「こんな服を着たい」「この服をこうしたい」という島の人達の希望を叶えるべく、服作りに励むと同時に、ここにやってくる子供達の話し相手としても大きな役割を担っている。

娘の瑠都さんは洋服のお店を経営

おはなし館文庫主宰の田頭恵子さん

かつて何度も読んだ、斉藤隆介の『モチモチの木』と佐野洋子の『わたしのぼうし』を見つける。軒先で読みふけっていたら、あっという間に時間が経ってしまった。

その翌日の朝、与那国小学校では恵子さんたちによる本の読み聞かせ会があった。与那国小の生徒は全学年合わせて74人。1年生はわずか10人とこぢんまりしている反面、学年に関係なく、皆が友達といった雰囲気だった。

8時過ぎ。子供達が続々集まってきた。この日恵子さんが読んでいた本は、サム・マクブラットニィの『どんなにきみがすきかあててごらん』(評論社)。チビウサギとデカウサギが、お互いのことをどれだけ好きかについて競い合う内容で、大好きな人のことを思い浮かべてしまうような、少し照れくさい話なのだけど……。

「眠くなっちゃった！」など、恵子さんが独特のふしをつけながらセリフを読むと、なぜか子供達は大ウケ。面映ゆいロマンスのなかにも、笑いの要素を見つけて大いに盛り上がっていた。そして次に読んだのも、『だいすきっていいたくて』(カール・ノラック著、ほるぷ出版)という、好きな気持ちが溢れ出しているカワイイ絵本。でもこちらは静かに、子供達は言葉を受け取っていたのが印象的だった。

「大人が子供と接点を持っていれば、子供は悪さしないはず。『田

近所の小学校で読み聞かせする田頭さん

頭のおばあが怒る！』とか言われることもあるけれど、子供達と繋がっていないと。そのためのお母さん達による、読み聞かせ会でもあるんです」

恵子さんはそんなことを言っていた。

しかし娘の瑠都さんは子供の頃、母親が読み聞かせのために家を空けていることが理解できなかったこともあったし、図書館を始めてから10年間、いつでも開放していることから、突然お客さんが来て慌てることもあると語った。

「でも『船が欠航して戻れない。時間を潰さなきゃならないから、ここが開いていてよかった』って行って立ち寄ってくれる人もいて。彼らの助けになっているのかなって思うと、嬉しくなるんですよね」

ときには子供達が立ち寄って瑠都さんに、学校の先生の悪口などを言って帰ることもあるのだとか。「いつでも開いている安心感」はどうやら、人の心をゆるませる。でもそれは決して、悪いことではないと思う。だって大人と子供が本音で語り合えるのだから、こんなに素晴らしいことはそうそうない気がして。

2008年5月

のんびり草をはむ
ヨナグニウマ

あの時、その後

与那国島

瑠都さんに電話をすると、恵子さんや母親達のボランティアによる読み聞かせ会は続いているけれど、おはなし館文庫は、今から３～４年程前に閉じてしまったと語った。年に１～２回、沖縄県立図書館による移動図書館がやってくるようになったこと、母島のところでふれたエトピリカ文庫が与那国にも開設されることが決まったといった理由らしい。置いてあった本は、保育所や学校に寄贈してしまったそうだ。

「本は皆が読めればいい。だから本屋がなくても借りてくれればいいのよ」

かつて恵子さんはこう言っていた。施設を続けることではなく、皆が本を読んでくれることを大切にしている田頭さん一家だからこその、決断のように思えた。

「今でも『本借りられますか？』って観光客の方が来ることがあるんですよね」

そう語る瑠都さんは島外出身の男性と結婚。昨年には子供も生まれ、てんてこ舞いの日々を送っている。取材当時は子供達の制服を縫ったり、かりゆしウェアの仕立てからビーチサンダルの鼻緒の修理、はたまたトランポリンの修理まで、布に関する仕事を一手に引き受けていた。そんな島のスゴ腕デザイナーは、今はちょっとお休みしている最中。だけど「もう少し時間が経ったら復帰したい」と、弾む声で語っていた。

人口約1600人の、日本最西端の島はここ数年、色々な思惑にさらされて揺れている。だけど住んでいる人にとってみたら「相変わらず」（瑠都さん）の島。おそらく群青の空と海に囲まれたかの地では、今日も馬が「人間の思惑なんか知らないよ」とでもいった風情で、のんびり草を食んでいることだろう。ウソだと思うなら、ぜひ自分の足で確かめに行って欲しい。

書店発ディスコ経由書店行き
変遷を支えた家族の力

与論島（鹿児島県）

香文堂書店の店内は本と文具の売り場が共存

映画『めがね』にも登場する与論空港

与那国を訪れたのちに、奄美諸島の与論島に向かった。沖縄よりも少しだけ本州に近いこの島には、本屋さんが2軒ある。今回はそのうちの1つ香文堂を訪ねることにしていた。

中心街の目抜き通り、その名も与論銀座通りのド真ん中。信用金庫の隣にある店に足を踏み入れると、中では子供達がマンガを品定めしていた。

フロアは3分の2が本、残りが文具コーナーになっている。店を切り盛りするのは『ハリー・ポッター』シリーズのファンで、かつて器械体操をやっていた高井克彦さん。背筋がすっと伸びていて、今年、初孫が生まれたとは信じがたい。

離島の本屋は、子や孫が継いでいることが多い。しかしこの店は、高井さんが1981（昭和56）年に創業した比較的新しい店だ。店名は、長女の香織さんから一文字頂いたのが由来となっている。

「大学は東京だったけど、先祖の墓を守らなくてはならない。だから卒業したら与論に戻ろうと考えていました。当時は年間15万人が訪れる離島への観光ブームで、自分も観光学を専攻していました。でもいずれ、斜陽になるかもしれない。ずっと必要とされる産業は何かと考えたときに、本屋だと思いました。その頃は雑誌や新聞を置く店はあったけど、書籍を扱う本屋はありませんでしたし」

資金ゼロ。だけど土地はあるし、観光客もいる。そこでなんと、本屋の隣にディスコ＆カフェバー「サザンクロス」を作ってしまっ

店長の高井さん（右端）は元器械体操の選手

有為転変を家族が支えた

た。そのナウなヤングの集うスポット（!?）は連日大人気！ 最盛期は2時間で80万円も売り上げ、大きな経営の支えになった。

とはいえ新規参入者に対して、県内の同業者も出版関係者も最初は冷ややかだったそうだ。しかし日販沖縄営業所の所長のサポートにより、書籍や学校教材など、幅広く扱えるようになった。そして人口1万人足らずの島で本だけでは心もとないと、文具も置くことに。結果売り上げは順調に伸び、20坪で始めた店は46坪に拡張された。ディスコは昭和の終わりに閉店し、その頃の面影は全く残っていない。あるのはカクテルが豊富な、バーの当時のメニューだけだった。「好調だったのにどうして止めたかって？ 本屋が正業だからです」。

あくまでも本屋で、そこは絶対ぶれない。棚の構成は雑誌が4に対し、マンガが3・5で本は2・5。雑誌が優勢だが、昨年30冊以上売れた『与論島』（ナカニシヤ出版）をはじめ、島に関する本は注目が高い。与論民俗村のおばあがまとめた『与論方言辞典』（武蔵野書院）も、1万8000円もするのによく売れた。都会に出た人にも人気なのだそうだ。

書籍の棚には、「新刊取り寄せ中」の文字が。香織さんが作ったものだ。レジにいたのは次女の美由紀さん。歯科衛生士をしていた

香文堂
鹿児島県大島郡与論町茶花 37-1

けれど、退職して島に戻ってきた。文具問屋に勤務する長男の秀一朗さんは不在だったが、いずれは彼が店を継ぐことになっている。

「今日は母の命日なので、お供えにわらびもちを作ったんですよ」

忙しい中、奥さんのひろみさんがおすそ分けを差し出してくれた。

午後4時を過ぎた頃、たくさんの荷物を載せた巡回トラックが店の前に横付けされた。生活雑貨の隣には、今日発売の雑誌の束。船が到着するとこうして、本が運ばれて来る。それを家族で店頭に並べる。


ずっとぶれない場所に、ずっと変わらない家族の絆である。

「いつでも遊びにおいで。いつもここに、お店はあるから」

時代を経ても本屋であることを止めなかった本屋が、よそ者の私にもそうささやいてくれた気がした。

２００８年５月

あの時、その後

与論島

　香文堂に電話をしてみると、確かに高井さんではあるけれども、声を聞いた記憶のない男性が電話口に出た。秀一朗さんだった。

　その後かけ直して克彦さんと話すことができた際に、「息子の秀一朗が結婚して、店の仕事をやるようになった」と教えてくれた。

　この取材時に顔を出してくれた美由紀さんは結婚して、店名の語源になった姉の香織さんと同じく、今では関東地方に住んで子供も出来たそうだ。もちろん、妻のひろみさんも元気に店頭に立っている。

「おかげさまで、ぼちぼちやってます」

　お会いした時と違わぬ、克彦さんのしっかりした声。本屋であることをやめなかった本屋は、世代を超えて今も本屋であり続けているようだ。そのことが私はとても嬉しかった。

東海　書房
読み終わった書籍は、
お戻し下さい。
船内に　お持ちになって結構
です。読み終わりましたら、
船の案内所若しくは竹芝支店
にお返し下さい。

野菜もらって、パンク修理して人が集まる本屋さん

八丈島（東京都）

『がきデカ』で知られる
“八丈島のキョン”

「八丈島のキョン！」

30代後半以降の多くの人が、おそらく知っているだろうこのフレーズ。そう、八丈島には山上たつひこのマンガ『がきデカ』ですっかり有名になった、鹿の一種のキョンがいる。でも、想像していたよりもずっと小さい。そしてじっとしていて、ほとんど動かない……。

「実物はマンガに出てくるのとは、全然違うでしょ」

そう言って迎えてくれたのは、知的オーラ満点の笹本絵里さん。彼女は三根地区にある本屋の、八丈書房で働いている。

八丈書房は50年以上続いた書店を、清水修さん一家が1992（平成4）年に引き継ぎ、1997（平成9）年に今ある場所に移動して、新たにオープンした。今は修さんと妻の清子さん、息子の賢一さん、そして八丈島出身で、出版関係の仕事を経てUターンした笹本さんの4人が支えている。

「それまで自動車修理業をやっていて、書店経営は全くの素人だったから、最初は『出版社ってこんなにたくさんあるの！』とか、驚きの連続でした。ようやく覚えたと思ったら、なくなってしまう会社もあって（苦笑）。あとは雑誌や本が発売されるサイクルが違うので、慣れるまで本当に大変でしたね」と、かつてを振り返る清子さん。

しかし今ではおじゃさんという作家が、島名物のキョンを描いた

左から笹本さん、清水修さん、清子さん、賢一さんのオールスタッフ

地元作家による『きょんまんが』も人気

都心から290キロ
離れた都内の書店
「八丈書房」

船が欠航すると本
が届かない悩みも

『きょんまんが』（自費出版）をはじめとする島関連の本だけでなく、雑誌や文房具までを揃えている。雑誌やマンガは定期購読者が多いようで、キープ棚は大賑わいだ。

「でもねえ、船が欠航すると本が届かないんですよ。特に冬はひどくて、月に10回も欠航したりするんですよ。発売日に雑誌がないものだから、本当に困ります」（清子さん）

都心から290キロ離れたこの島には、天気が悪いと本が届かない。そして今では取次のトーハンが運営する本の注文サイト「e-hon」に加盟していることから、お客さんの注文した本が確実に届くようになったが、それ以前は天候に関係なく、発注した本がなかなか入荷せず、待つしかなかった。欲しい本がすぐに手に入らない、離島に共通する悩みがここにも存在していた。ところで、2008（平成20）年に売れた本って何ですか？

「『A型自分の説明書』（文芸社）など、血液型に関する本ですね。島の人にO型が多いかはわからないけど、なぜかO型がよく売れました」（笹本さん）

ケータイ小説の『白いジャージ～先生と私～』（スターツ出版）や、映画『崖の上のポニョ』関連もよく手に取られたそうだ。なぜならここは東京都。新宿や渋谷との情報タイムラグは一切ない。そしてお客さんの多くが学生から30代までの若い人達。ナウなヤング向けの本に、おのずと注目が集まるのだ。

清水店長の
メタボ対策

店の片隅に目をやると、エアロバイクが鎮座している。これは何に使っているんですか？

「知り合いからもらって、最初はこれで夜な夜な運動してたんだけど、お客さん皆に『何やってんの？』って言われてねえ。だから最近は使ってないんだよ」

修さんのメタボ対策のための、ダイエットグッズだったのだ！

「ねえ、みょうが持ってきたんだけど」

ご近所さんが、今朝採れたばかりのみょうがを袋一杯に詰めて、お店にお裾分けにやってきた。とくに本を買う予定がなくても、家の庭で育てている野菜や花をたずさえて、こうして立ち寄るお客さんは多いそうだ。

「ご主人いる？　自転車のパンク直してよ」

またまたご近所さんがやってきた。もう自動車修理は行っていないが、自転車のメンテナンスは受け付けている。

話をしたり、困り事を解決したり……。離島の本屋は、本を買う場所だけにあらず。人と人とが交わり、支え合うためのプラットフォームの役割も果たしているのかもしれない。

八丈書房に別れを告げて空港へ向かう途中、フェリー発着所の底《そこ》土《ど》港に立ち寄ると、〝東海書房〟と書かれた本棚が目に入った。船内で読んで、本土にある竹芝桟橋で返却すればいいシステムになっている、いわば無料貸本コーナーだ。棚をのぞくと『パタリロ！』

東海書房の棚。「上巻」が人気!?

東京・竹芝と結ぶフェリー乗り場

八丈書房

東京都八丈島八丈町三根 1642

や『ガラスの仮面』などの人気マンガや、赤川次郎や内田康夫といったミステリーが並んでいる。上巻は誰かが借りていったままなのだろう。『ホテル・ニューハンプシャー』と『壬生義士伝』、『魔界転生』は下巻しかなかった。

他の地へ渡る旅人達は、約11時間もの航海のお伴をここで見つける。そう、八丈島は、人の集まる場所に本があるのだ。

台風が上陸間近だった秋の一日。うねる波にも、立ち向かわなくてはならないのが人生。でも傍らに本があれば、つかの間の癒しになってくれる。折れそうな心を少しだけ支えてくれる。そんなことを教えてくれた島だった。

2008年9月

あの時、その後

八丈島

電話には、清子さんが出た。修さんは今、不在にしていると語った。

「私は今は半分引退して、人がいない時に手伝ってるんです」

と語った。その主な理由は、息子の賢一さんが2011年に、地元出身の女性と結婚したこと。店に後継者ができたのだ。

「なかなか続けるの、大変なんですけどね……。だって島の人口も、年に100人ぐらいは減ってると思うんですよね」

と清子さんは語ったけれど、修さんも賢一さんも、そして笹本さんも元気に頑張っているとのこと。八丈書房は今も、地元の人達のプラットフォームであり続けているようだ。

隠岐の本屋にある
隠岐の本が一番いい

隠岐・島後島（島根県）

本は松江からのフェリーで運ばれてくる

大阪の伊丹空港から飛び立った飛行機は、隠岐諸島の島前《どうぜん》地区、中ノ島を横目に見ながら、島後《どうご》島の隠岐空港に到着……と思ったらタッチ&ゴー！　え〜着陸しないの？　どうやらこの日は強風もあって、うまく滑走路におさまらなかったようだ。でも約10分後には、無事に伝統工芸の巨大凧が飾られている、ロビーに降り立つことができた。

隠岐は島根県にあり、韓国・北朝鮮と領有権を争っている竹島も郡内に属している。そんな隠岐の島後で1924（大正13）年から続く、隠岐堂を今回は訪ねた。

「書店になったのは大正時代だけど、明治の頃から官報を扱ってたんです。この2軒隣にかつてあった旅館には、小泉八雲が宿泊したこともあるんですよ」

ダンディな3代目ご主人、75歳の牧尾和嘉さんが、近所で携帯電話ショップを営む娘婿の実さんとともに出迎えてくれた。

風待商店街の一角にある隠岐堂。本は毎日11時半に到着するフェリーに乗せられ、港からはトラックでやってくる。だが「昔はリヤカーで乗り場に取りに行っていた」と語るほど、店はフェリー乗り場にほど近い場所にある。

牧尾家は元々、岡山県の津山藩出身。廃藩置県後に和嘉さんの祖父が島を訪れて気に入り、以来この島で暮らしている。一時期は書店以外も手広く営んでいたが、先代が1956（昭和31）年に亡く

竹島と同じ隠岐郡に位置する

空港ターミナルには巨大凧が

隠岐諸島で唯一の空港「隠岐空港」

なった当時、島後の書店はここだけだったことから、書店オンリーの経営にシフトしたそうだ。

「若い頃から本が大好きで、特に五木寛之先生の『青春の門』（講談社文庫）のファンでした。今も五木先生の応援をしています」

確かに書棚には、五木コレクションがずらり。一方の実さんは、群ようこさんや椎名誠さん、司馬遼太郎さんのファン。中学2年生の時に隠岐堂で購入した、司馬さんの『花神』（新潮文庫）は、今も宝物として手元にあるそうだ。

「東京や松江などあちこちに住んでいたことがあるのに、ずっと捨てずに持っていたんですよ」

子供の頃に本を買っていた場所が、大人の自分にとっての居場所となるなんて。なんだかステキなご縁じゃないですか！

実さんは、毎年隠岐で開催される「隠岐学セミナー」の実行委員の1人。隠岐を広く深く知ることを目的としたこのセミナーには、麗澤大学の松本健一教授をはじめ、辻井喬さんや柳田邦男さんなどのゲストも毎年訪れている。さらに彼はセミナーの模様を収めた『隠岐共和国ふたたび』（論創社）という本も書いているのだ。

「この本だけではなく隠岐に関係するものは、〝隠岐学スクエア〟というコーナーに置いています。夏になると観光客が増えるので、よく売れますね」（実さん）

確かに隠岐関連の情報が充実しているので、ガイドブックなしで

島で100年続く隠岐堂書店

右から2人目が牧尾店長

店長イチオシの五木寛之の著作がずらりと並ぶ

訪れても、隠岐堂に来れば情報収集ができそうだ。

しかしここでも、過疎と少子化の影響は深刻。終戦後の一番多かった時期に4万人以上いた島民は、今では1万6000人台になってしまった。小学校は11校、高校は2校、中学校は6校あるが、6校合わせて「都会の中学校1校分の生徒しかいない」そうだ。

「10年ほど前から、生徒数の減少がハッキリした形でわかるようになりました。水産高校があるので海事の専門書こそよく売れますが、今は教育関係の本がさっぱりですね。教科書を扱っていることから、売れなくても続けていこうとは思っていますが……。小説も『蟹工船』（新潮文庫）こそ売れましたが、以前はドラマ化されれば売れたのに、最近はそれも芳しくありません。何がよく手に取られるのかが、よくわからないところがあるんです。良い本を売りたいと、ずっと思っているんですけど……」（和嘉さん）

昔は8人いたスタッフも、今は小谷和代さんと太田香さんの2人だけになってしまった。でもそんな中でも、『隠岐共和国ふたたび』は、2007（平成19）年は300冊も売れたそうだ。

地元の旬の食材が、体には一番いいという意味の〝身土不二〟という言葉があるけれど、隠岐のことを知るなら、隠岐の本屋にある隠岐の本が一番いい。まさにその〝知土不二〟を求めて、旅人はここを訪れるのかもしれない。

牧尾さん一家に別れを告げて、高速船で松江の七類《しちるい》港に向かおう

樹齢800年の乳房杉

と思ったら、時化《しけ》で高速船が欠航。やっぱり飛行機で帰ることになってしまったので、待ち時間に島をドライブすることに。

かつて後鳥羽上皇の心を慰めた「牛突き」が、今でも行われているモーモードーム、樹齢800年と言われる岩倉の乳房杉、昔ながらの風情ある建物……。かつてを知ることができる場所が、21世紀になっても残っている。多くの作家が隠岐に魅せられ、作品のモチーフに選んでいる理由が分かった気がした。

「帰りもタッチ&ゴーしてもいいからね」

ちょっと名残惜しかったのだ。でも翼はあっという間に飛び立ち、本州目指して雲間に吸い込まれてしまった。

2008年11月

隠岐堂書店

島根県隠岐郡隠岐の島町西町八尾1-13

「牛突き」が行われる隠岐モーモードームの外観（上）と内部（下）

島にはレトロな建物が多く残る

あの時、その後

島後島

「あ～覚えてますよ。どうされてますか？」

お会いした時と同様、しっとり心地の良い声。電話に出た牧尾和嘉さんが、お店もご家族も、皆さんお元気でいらっしゃることを教えてくれた。

「とはいえ本屋は減るばっかりでしょ。日書連（日本書店商業組合連合会）の加盟店も減る一方で、今は5000店以下になってしまって。町の本屋は右肩下がりですよ」

と語ったけれど、隠岐堂も牧尾さんも、まだまだ現役のご様子。本当に安心した。いつかまたお会いできますことを！

本屋が島にやってきた Ya! Ya! Ya!

北大東島（沖縄県）

那覇空港から北大東島へ向かう39人乗り飛行機の機内は、なぜだか皆が顔見知りのような、優しい空気に満ちていた。それもそのはず。今回目指した北大東島は、2009（平成21）年の6月時点で人口524人という、今まで訪れた中でもダントツに小さな島だったのだ。

ダントツなだけに、当然島の中に本屋はない。だが那覇市内のデパート、リウボウに店を構えるリブロが年に1回、出張本屋を開催している。この年の予定は5月末と聞き、同行させてもらうことにした。

きっかけは2002年頃。「子供達に教育のハンデがあってはいけない」と、当時リウボウにあった書店と南北大東島の教育委員会が協力して、出張本屋をスタートさせた。その書店がクローズしたため、現在はリブロが志を引き継いでいる。

今回の出張店員となった原島宏幸さんとは、飛行機で乗り合わせていた。東京生まれの彼は入社7年目。リブロの吉祥寺店や大分店を経て、2008（平成20）年に那覇店に異動してきた。今回持参した段ボールは91箱。各ジャンルの担当者が前回のデータや売れ筋をチェックして、本をセレクトしたそうだ。でも荷物軽そうですけど？

「コンテナに入れて、船で運んでるんです」

南北大東島の名物といえば、船からの上陸風景。断崖に囲まれている両大東島は、船が接岸できる港がない。そのため人や物はクレー

本は船に乗ってコンテナで運ばれてくる

出張店員の原島宏幸さん

那覇市内のリブロリウボウブックセンター店

「ここも離島なの!?」

ンで吊られての到着となるのだ（今回はスケジュールが合わず乗船が叶わなかった）。

本は一足先に、島に到着していた。会場の人材交流センターのホールに向かうと、原島さんや教育委員会のメンバーがすでに本を並べていた。参考書に教育関係書、絵本にコミックなど子供向けのものが、ビジネスや小説などに比べると多い。『ハリー・ポッター』（静山社）のようなベストセラーは、図書館にあるので意外と不人気。音が出る絵本やぬり絵付き絵本など、図書館にはないものを多めに用意したと原島さんが語った。オープンは明日の9時。夜にかけて、黙々と陳列作業は続いていた。

翌朝ふとテレビを点けると、映っていたのは杉崎美香アナ。……め、めざまし土曜日!? なんでも沖縄から300km以上離れたこの地には沖縄地上波の中継局がなく、一部の東京キー局とBS放送の電波を衛星で受信している。そのため関東の情報が流れているのだそうだ。しかし人口500人あまりの北大東島で知るラフォーレ原宿の売れ筋商品……。不思議な感覚にとらわれながら人材交流センターに向かうと、オープンの30分前なのに15人以上の小学生が集まっていた。

「こんにちは！」

元気な声。余所者の私にも、そしてカメラマンの一眼レフにも興

出張書店の会場、人材交流センター

2000冊以上の本が前日から準備された

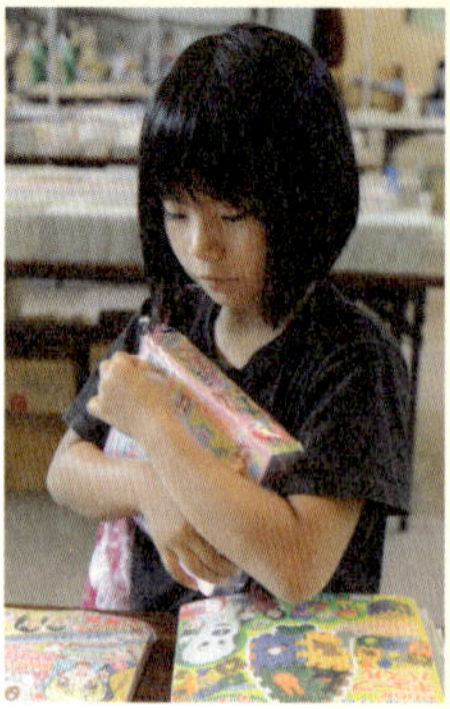

味津々。今日のことを書くために来たんだよ。
「へえ、ここ離島だったんだ」
『離島の本屋』が連載されている、フリーペーパーの『LOVE書店!』をめくりながらの一言。

そうだね、離島って言い方は一方的だったね。

「楽しみだから早起きしちゃった!」

お母さんからのお小遣い3000円と、500円の図書カードを持ってきた子が言った。

「あと10分」

「あと5分!」

バーゲン会場さながらの興奮。ガラス戸が開くと徒競走さながら、一斉に飛び込んでいく。フロアをぐるぐる、そしてあれこれ触っては戻しの大騒ぎ。

女子に人気の『若おかみは小学生』(講談社)の文庫版を一旦手に取り、結局コミック版を選んだ6年生の子。小説の方が長く楽しめてオトクじゃないの?

「だって609円は高いよ! コミックは450円だもん。脳の人にも興味あるけど、1000円以上するんだよ!」

脳の人=茂木健一郎の本を見ると、確かにどれも1000円超え。小学生にとってはひと財産で、躊躇してしまうのはよくわかる。それにしても子供にマンガが売れるのは、こんな理由もあったとは

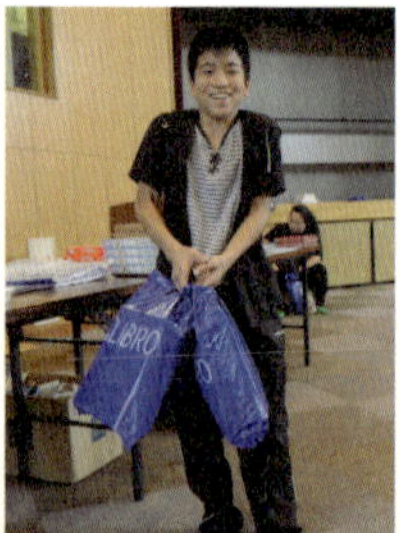

子供たちにとって年に1度のかけがえのないひととき

親子4人で会場にやってきた田港さん一家

……。今まで見えなかったことが見えた瞬間だった。

大量のお宝を手にしても、すぐには帰らない。他に気になる本はないかをチェックするのも、楽しみの一つなのだ。ふと廊下の長椅子を見ると、さっきまで元気だった子達が鈴なり。話しかけるなと言わんばかりに、コミックや本に夢中になっている。程なくして彼らと入れ替わるように、会場には大人達の姿が目立つようになった。

「本は沖縄本島でも買いますけど、重いし持ち帰りが大変なので、毎年この移動書店を楽しみにしてるんです。まずは子供の本を選んで、残ったお金で自分のを買います」と語るのは、9歳&7歳&3歳の子を持つ田港利恵さん。1万円超えの買い物になってしまったけれど、笑顔に満ちていたのが印象的だった。

この島では本屋が来ることは、まさにお祭りの1つ。大人も子供も、そのお祭りをとても楽しみにしているのだ。

「いつかまた会おうね。その時まで〝読むこと〟を好きでいてね」

活字に向かう真剣な眼差しに心の中で別れを告げて、空港に向かった。わずか24時間の滞在。なのに24日分に匹敵するような、濃い記憶を残してくれた島だった。

2009年5月

リブロ
リウボウ
ブックセンター店

沖縄県那覇市
久茂地1-1-1
デパートリウボウ7F

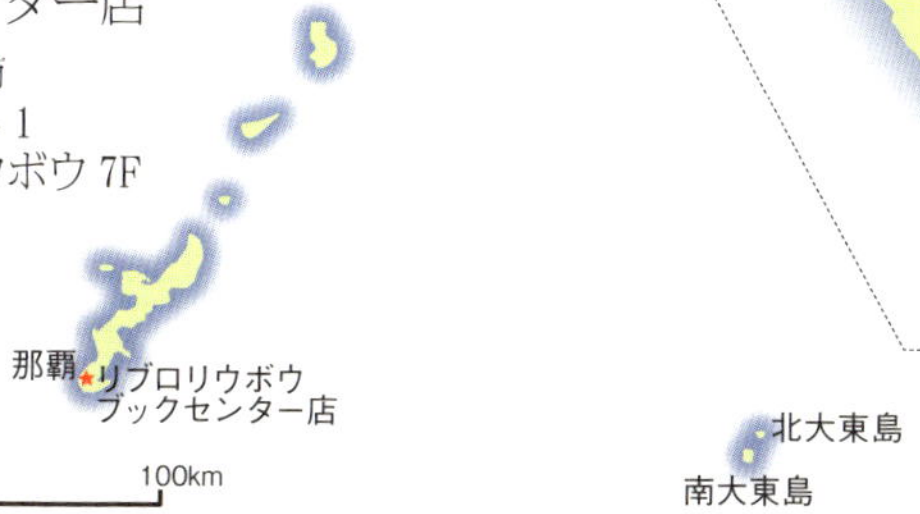

あの時、その後

北大東島

今年も５月に南大東、７月初旬に北大東と、島への出張本屋は継続していた。人口の多い南大東島の方には、コンテナで段ボール120箱分の本を積んで向かったそうだ。

原島さんは３年ほど前に、リブロリウボウブックセンター店から大阪のイオンモール鶴見緑地店に異動。そして今年３月には同じく大阪府内の、なんばウォーク店に移っている。電話をしてみると、

「お久しぶりですね！」

と、すぐに思い出してくれた。沖縄の店も国際通り沿いのにぎやかな場所にあったけれど、今は近所が飲み屋だらけ！アルコールの誘惑に勝てる自信がないのが、悩みなのだそう。そして同じ大阪でも、イオンモール鶴見緑地店では付近に学校や住宅が多いことから、児童書や絵本がよく売れた。しかし今のご近所は繁華街の千日前。ということで「子供向けの本はあまり動きがなくて、代わりに『実録！〇〇の真実』みたいな、実話系が売れるんです……（笑）」とのこと。原島さん、またどこかのリブロでお会いしたいです！

おもちゃと本と文具に雑貨 まるでタイムカプセル

家島（兵庫県）

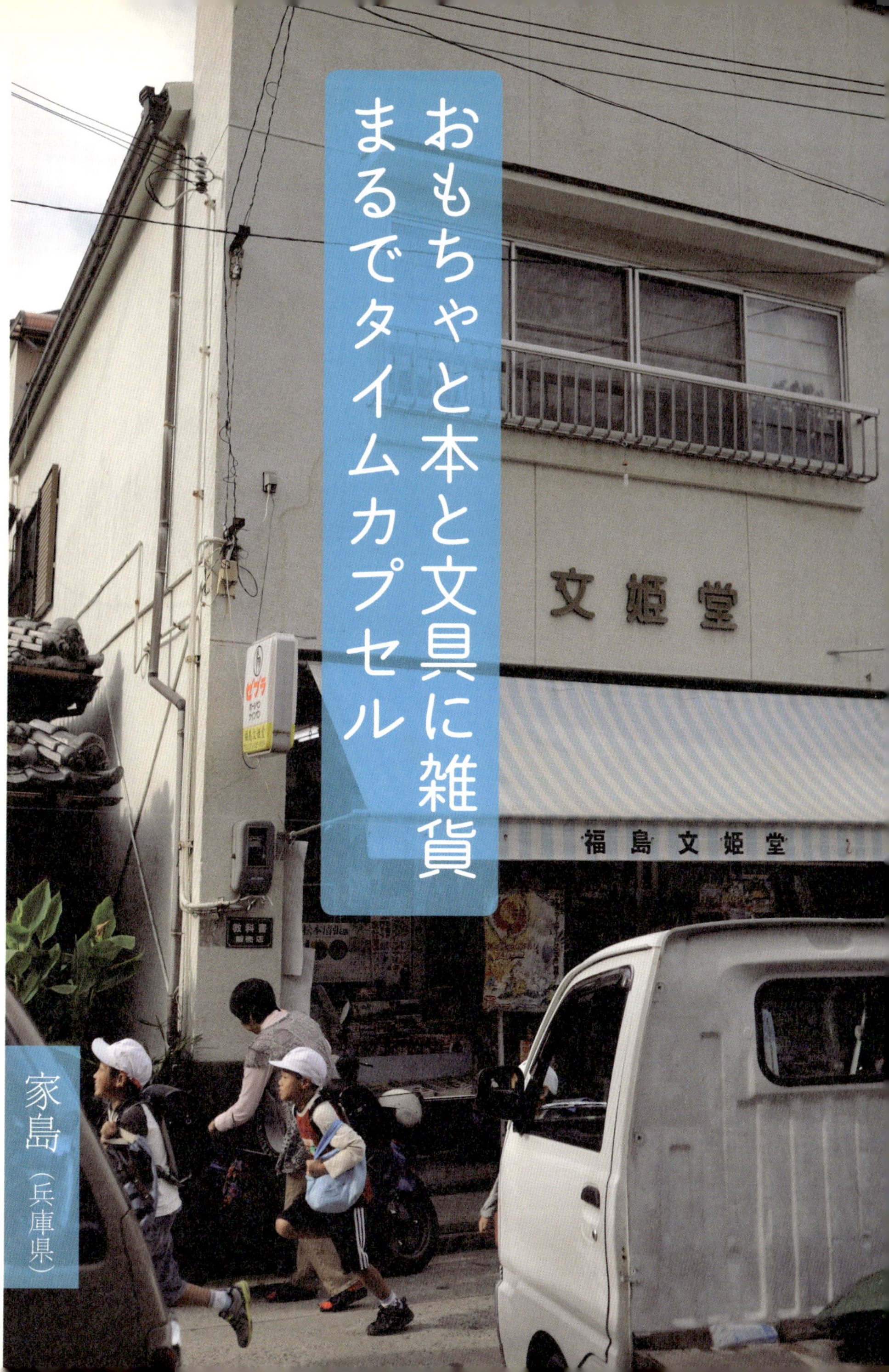

兵庫県にある家島のことを知ったのは、全国の離島関係者が集まる「アイランダー」（主催：国交省、日本離島センター）というイベントで出会った「NPOいえしま」の中川春子さんが、島に本屋さんがあると教えてくれたから。

いつか訪れようと思っていたのだけれど……。

「悪天候につき飛行機は欠航です」

東京の羽田空港から伊丹空港に向かおうとしたその日、今までに一度も聞いたことがなかった言葉を初めて耳にする羽目になってしまった。台風18号の日本上陸に巻き込まれたのだ。

翌朝新幹線で姫路に行き、そこから姫路港を目指すことにした。港に着くと朝姫路に来て、昼には島に戻る、病院帰りや買い物帰りのおばちゃん達が簡易待合所にぽつりぽつり。そのうちの1人に「船、来よった」と声をかけられたので外に出てみると、かなりの勢いで高速船が近づいてきた。は、速い……。

全長21・5m、86人乗りの「高福丸」は播磨灘をぐんぐん進み、約30分で真浦港に到着。出迎えに来て頂いた中川さんが案内してくれたのが、島のメインストリートに面した福島文姫堂。1933（昭和8）年にオープン後、移転を経ながら約80年。姫路の文具店が発祥なので、〝文（具）姫（路）堂〟という名前になったのだと、2代目店主の福島豊さんが教えてくれた。

店の構成は文具が4割、本が4割、そして駄菓子が2割。圧倒

家島まで30分の
高速船「高福丸」

姫路港の待合所はなんとも簡素

的に雑誌が多く、ハードカバーは村上春樹の『1Q84』（新潮社）などのベストセラーが少しあるだけ。本は人気ないのだろうか？

「みんなせっかちで、ゆっくり本を読む人が少ないんですよ」

姫路港と家島を繋ぐ高速船は、今では1日20便以上。だけど10年程前はわずか5便しかなく、その時間に合わせたスピーディーな行動が求められていたと、奥さんのくに子さんは語る。島の生活＝ゆっくりのんびりなんて大間違い！　しゃきしゃき動いて働いて、が家島での正しいあり方だったのだ。

「増便されてから、姫路の中心部で買い物する人が増えましたね。だからますます本が売れなくなってしまった。便利なのは個人的には嬉しいけど、経営者としては複雑な気持ちです」

顧客の中心層は島の子供達。10代女子に人気なのは『Ranzuki』（ぶんか社）で、これを読んで姫路に行く際のファッションを研究しているそうだ。そんな中で圧倒的な人気を誇っているのが、入口すぐの駄菓子コーナー。特にレジ前にある当たりつき10円ガムマシーンは、仕入れるとあっという間になくなってしまうのだとか。そしてここ1〜2年の間に、3980円とお値打ち価格のDVDプレーヤーも、主婦層によく売れた模様。

「これで韓国ドラマを見るんですよ。毎日見るから全100話の大作でも、1年あれば終わります」

と教えてくれた韓流ファンの中川さんも、プレーヤーを購入した

店は昭和ヒトケタ創業。福島店長は2代目

天井のS字フックには夏になると浮き輪を陳列

駄菓子コーナーは大人気

懐かしいマンガのカルタ。いまや超お宝!?

1人。そしてその隣には……ミニ獅子舞？

「7月にある家島神社の天神祭では、檀尻船の上で獅子舞が踊るんです。それを見に来た都会の孫に、家島のおじいちゃん達がお土産に渡したりするんですよ」

天井のS字フックは夏には浮き輪、冬にはクリスマス用品を下げるためのもの。レジのボタンに「本」「菓子」「文具」などと書かれていることからも、よろず屋的傾向が伝わってくる。レジ下には学帽や懐かしの万年筆。ショーウィンドウの中にはのし袋。結構年代物も多いような？

「先代がモノを捨てない人だったので、倉庫に古い在庫がかなりあるんです。7年前に亡くなった時に、かなり処分したんですけどね」

そう言いながらくに子さんが探してきたのは、なんとガリ版セット！　初めて見ました。往年のアイドル下敷きや手塚マンガのカルタまであって、タイムカプセルの封印を解いたよう。店の書棚を見ると文庫も、年期が入ったものが並んでいる。

「どこで調べるのか、古い文庫をまとめて買っていくお客さんがたまにいるんです。万年筆を箱買いする人もいましたね。1976（昭和51）年の台風で床上浸水したから、それより前のものはないはずなんだけど」

台風すら明るく笑い飛ばす福島さんには、子供が2人。息子さん

ガリ版刷りセット。これも売り物!?

レジにも「文具」「菓子」の項目が

は大阪市内で書店を経営し、結婚した娘さんは姫路市内に住んでいて、時々ファンシー文具の仕入れを手伝ってくれるそうだ。

「私達には分からない若い人の感覚で商品を選んでくれるので、本当に助かってます」

おもちゃ箱のように賑やかな空間は、一見時が止まっているようだけど確実に絶え間なく流れている。

お小遣いを握りしめた子供達がお店に集まってきたけど、高速船の時間だからもう帰らないと。魚屋で水田弘子さんお勧めの穴子を買い込み、主人を待ちわびた亀が石になったと伝えられる「どんがめっさん」を眺めながら、姫路へ向かう真浦港へと、ゆっくりと歩いていった。

2009年10月

福島文姫堂

兵庫県姫路市家島町真浦 1328

家島の「どんがめっさん」

島の魚屋、水田さん。穴子を買い求めました

あの時、その後

家島

「水田さんも中川さんも、あの頃と変わってませんよ。皆元気でやってます」

平々凡々、あっという間に今日まで時間が過ぎましたと語ってくれた福島豊さん。声を聞いていて嬉しくなった。

大阪や神戸は出張で、広島は友人に会いに行くことはあるけれど、家島はおろか姫路にも行く機会がなく、その後訪ねられないままでいる。取材に行った頃に始まった姫路城の「平成の大改修」は、2014年まで続く予定だ。「改修が終わったら、ぜひ姫路に行ってそちらまで足を伸ばしたいです」そう伝えると、「本ができあがったら、店に並べて紹介します！」と福島さん。嬉しい気持ちに包まれながら、受話器を置くことができた。

100年続く書店の
50年続く夫婦、
ふたりの間にはいつも本が

大三島（愛媛県）

「しまなみ海道」で本州・四国とつながる大三島にはフェリーで到着

今にも雨が降りそうな、鉛色の空。でもフェリーから眺める海の色が青くて、気持ちがだんだんと上向いてくるのが分かる。

この取材に限らず、瀬戸内海の島には過去何度も足を運んだ。食べ物系雑誌の取材で向かった大崎上島では、イケメン農家にときめいたし、生口島では友達も出来た。でも大三島はまだ訪れたことがなかったから、絶対行ってみようと思っていた。

広島の忠海港《ただのうみ》からフェリーで25分。愛媛県の最北に位置する大三島は、町村合併で現在は今治市の一部になっている。みかんの一大産地で自転車専用道路があり、サイクリング目的で訪れる人も多い。そんな大三島にある唯一の本屋が、村上書店だ。

三代目店主・村上則夫さんの祖父にあたる正一さんが、書店を始めたのは１９０５（明治38）年。当時交わした教科書販売の契約書が、１００年以上経った今もまだ店に残されている。とはいえずっと同じ場所に建っていた訳ではなく、以前は島の中心付近にある、大山《おおやま》祇《づみ》神社の参道沿いにあった。島を経由して本州と四国を結ぶ「しまなみ海道」の一部が開通した１９７９（昭和54）年に、現在の場所に引っ越している。

「書店は地域の中心地に必要だし、車で訪れる人も多い。だから県道沿いで交通の便が良く、駐車場を確保できる土地を探したんですよ」

則夫さんと妻の洗幻《きよみ》さんと息子の永生さん、その妻の千登勢さん。

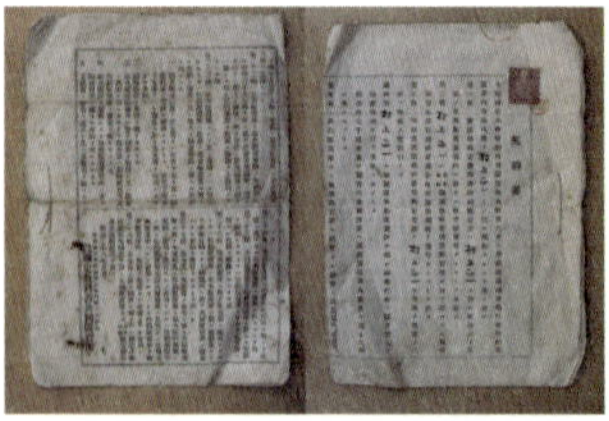
明治38年。当時交わした教科書販売の契約書

西暦594年創建と伝えられる大山祇神社

歴ドルの美甘子さんは大三島出身

普段は交代で店にいるが、全員が集まると急に賑やかになる。文具も並ぶ約50坪の店内を見渡すと、目につくのはやはり売れ筋の雑誌とコミック。そんな中で『ヒラメ&マゴチ　ゲーム入門』（コスミック出版）など釣りの本が面陳になっているのは、島の本屋ならではの光景だ。しかし文芸書のコーナーも、小さいながらもしっかり確保されている。

「以前は今の3倍のスペースだったんです。書籍の売れ行きは年々落ちてきているけど、書店なんだから本を置かないとね」

『１Ｑ８４』などのベストセラーに混じって、歴ドル・美甘子《みかこ》嬢の『龍馬はなぜあんなにモテたのか』（ベストブック）もあった。彼女は大三島出身で島の有名人なのだ。そして「今までに３００冊は売れた」という、店の大ベストセラーが『目で見る今治・越智の１００年』（郷土出版社）。村上さんを始め、この島の人達の写真を数多く掲載しているところが、人気の理由のようだ。

レジ脇の文具コーナーに目をやると……なぜか木槌が置いてある。もしかして防犯用ですか？

「草履作りのための、わらを打つのに使うんです」

大山祇神社では、早乙女さん達が田植え奉仕をする「御田植祭」を、毎年5月に行っている。その時に履く草履が老朽化しているのを見た則夫さんは、子供の頃に親しんだ草履作りを、もう一度始めようと思ったそうだ。

村上書店は大三島で唯一の書店

左から洸幻さん、則夫さん、永生さん、千登勢さん

「一晩に二足ぐらいしか作れないからだんだん時間がなくなって、最後の方は徹夜になってしまって（苦笑）」

則夫さんは地区の自治会長で、洗幻さんは民生委員。しかも毎週水曜日は家族全員で参加する、バレーボールの練習もある。そりゃもう大忙しだから、最近は草履作りはお休み中なのだそうだ。しかも店は年中無休で、朝9時から夜8時まで開いている。1月1日も、朝から営業していたと語る。

「やっぱり本が好きなんですよ。以前消防団長をやっていた時に瑞宝双光章をいただきまして。授賞式のために東京に行ったんですけど、他の叙勲者は飛行機で向かったのに、自分は新幹線を使いました。だってじっくり本が読めるじゃないですか。普段は書店経営者だから、いくら好きでも時間をかけて読むわけにはいかなくて」

福山から東京までの約4時間。夢中でミステリーを読みふけったのは、今ではいい思い出だ。

「ここにおるのが私は一番落ち着くんです。お父さんもそうみたい」と、洗幻さんも笑う。本屋の息子の則夫さんと、会社員の娘の洗幻さんが出会ったのは約50年前。親戚を介しての出会いだったが、結婚当初は土日も休みがない、自営業の生活パターンに慣れるのが大変だったそうだ。でも結婚してからの2人は、常に行動を共にしている。近所の人に「よく店で一緒にいれるな」とからかわれるこ

店内にも草履作りのための木槌が…

自作の草履を手にする則夫さん

ともあるが、今では2人でいることが自然なのだ。

確かに夢中で働いていたら、50年なんてあっという間かもしれないけれど……。ずっと夫婦が仲良しでいられる秘訣は、ズバリ何ですか？

「趣味が全く一緒なこと。テレビで女子バレーの試合やプロ野球ニュースが始まると、2人とも釘付けになるんです。食べ物の好みも一緒で、たとえばあんパンとジャムパンが1つずつあったら、半分こして分けあってるんですよ」

そっくり夫婦の2人はきっと、この先も一緒に店に立っていることだろう。

冬の寒い1日だったのに、ほんわかした気分で店を後にした。本を好きでい続けることと、誰かを好きでい続けることの楽しさを、2人に教えてもらったからだ。

2010年1月

村上書店

愛媛県今治市大三島町
宮浦 5349-1

あの時、その後

大三島

3年半ぶりに電話をかけるとすぐに、則夫さんが出た。

「いつなくなるか分からないですけど、一応続けております」

と、ゆっくりと丁寧な口調で、お店が続いていることを教えてくれた。息子の永生さんは大型ダンプの運転手、その妻の千登勢さんも高齢者施設での仕事をしながらバレーボールを続けたり、お店をサポートしたりと、今も変わらず村上家は大忙しだ。もちろん、洸幻さんもお元気でいらっしゃるとのこと。

「元気で頑張ってください!」

私の方が逆に、エールを頂戴してしまう。取材の時と同じように、今回もほんわかした気持ちになった。60年と言わずこの先もずっと、仲良しでいて欲しい。そう願わずにはいられない。

島と本との出会いで自分を見つめ直すきっかけに

奄美大島（鹿児島県）

店のスタートは教科書販売から

よく名前を聞く島でも、深く知らないまま取材にでることも少なくない。奄美大島に関しても、知名度の割には本やテレビで見る程度の知識しか持っていなかった。だから空港に降りたって、いきなり驚いてしまった。

「大きい……」

それもそのはず。奄美大島は沖縄本島や佐渡に次ぐ、人口6万8000人以上のとても大きな離島なのだ。

島の中心にある名瀬地区の商店街には、通りをはさんで2軒の書店があった。そのうちの1軒が、2008（平成20）年に創立50周年を迎えた楠田書店だ。

1958（昭和33）年に創業し、その後に現在地に移転した楠田書店は1階が店舗、2階は倉庫で3階が事務所になっている。3階へ向かうと、2代目の楠田哲久さんと息子で3代目の太平さんをはじめ、8名のスタッフが迎えてくれた。

教科書販売からスタートし、現在も教科書や学校教材などを中心に扱っている。

「そのおかげで、うちはベストセラーを売らなくてもいいんです」と、哲久さん。土日の集荷がない宅急便と、欠航することも多いフェリーが輸送手段。それゆえ「いつ本が届くか分からない」不安と隣り合わせだが、島の人はそれを分かっているし、何より教科書という主軸がある。2006（平成18）年からは奄美市から公民館運営

老舗を支える8名のスタッフ

創業から50年以上、奄美の地にある楠田書店

息子の太平さん
もUターン組

事業の指定管理者となり、まさに店のスローガンである「お子さまの夢を育てる」書店として、地域に根付いているのだ。

1階に戻ると入口すぐのところに、奄美関連の書籍が並んでいるのが見えた。地元の人のみならず旅行者にも人気があり、お土産に買う人も多いそうだ。

「空港売店にも本を置いているんですが、これが島に来た学者の方に売れるんです。中には『俺の本がない！』って言う人もいるんです（笑）」

そう語る元気な父の隣で、太平さんが微笑んでいる。沖縄でホテルマンをしていたが、帰郷して地元出身の妻・衣美さんとともに、同店を切り盛りする一員として働いている。まだまだ修行の身と笑うが、配達や打ち合わせなどで忙しい毎日を乗り切る姿は、まさに一人前の書店専務だ。

「本が好きなので、仕事がきついほど休憩時間に読むのが楽しく感じられて。でもゆっくりできないので『バンビ～ノ！』（小学館）とか『孤高の人』（集英社）とか、漫画を読むことが多いんです（笑）」

そしてもう1軒の本処あまみ庵は、福岡伸一ハカセや都築響一氏がエッセイなどで取りあげていた、知る人ぞ知る書店。

店主の森本眞一郎さんは中央大学を〝宙退〟し、新宿ピットインスタッフや「大駱駝艦」団員、木下大サーカスのピエロ軍団の一員など華麗すぎる経歴を経て、1989（平成元）年に前身である奄

奄美空港内売店
の書籍コーナー

奄美関連書を
多く揃える

昭和の軍事誌『日本週報』も

著者の喜山さんは与論島出身

美古書センターを創業。還暦を過ぎた現在は、新刊から古書までを取り揃える、あまみ庵の店主を務めている。社会人になった子供もいるが、妻の美智子さんとは今でもラブラブだ。

「奄美沖縄の本専門店」とある店内には、イカ釣りのバイブルから島尾敏雄をはじめとする奄美関連の書籍、さらに昭和の頃の軍事誌『日本週報』といったディープすぎる古書までが、渾然一体と並んでいる。すべて森本さんのセレクトによるものだ。そして最近とくにプッシュしているのが、与論生まれのマーケター・喜山荘一氏が書いた『奄美自立論』（南方新社）なのだそうだ。

「奄美に来るのもいいけど、あなたも自分の生まれた場所について考えないと」

かつて琉球から切り離され、薩摩からは占領されながらも大和めくことを禁じられた歴史の中で、徐々にアイデンティティを失った島、それが奄美大島。だがそこから脱却するには？　というテーマの本を薦める森本さんからは、奄美大島で生まれた誇りと熱い気持ちが伝わってきた。

訪問時は1階が奄美関係の書籍、2階が古書と中古CDという構成だったが、「活字」にこだわっていきたいと森本さん。

「だって本屋は本売る場所でしょ？　それに字で読んだものは忘れないから、深い知識を得たり、コミュニケーションをするためには本が一番。でもそんなに活字幻想がある訳じゃないけどね」

「奄美・沖縄の専門店」の名に恥じぬ品揃え

店主の森本さん（右）は華麗なサブカル遍歴を誇る

知る人ぞ知る“本処”

ちょっと照れながらそう言うけれど、島に対する思いと同じぐらいの、本に対する思いが透けて見えた気がした。

教育関係がメインの書店と、ディープなセレクト書店が向かい合わせに立つ懐の広さ。奄美の人達は目的に合わせて2軒を使い分け、一方に在庫がなければもう一方を訪れているそうだ。

この大きな島を訪れてわかったことは、数日の滞在では何も分からないほど広く、そして深いということ。また訪れる日のためにこの島のこと、そして自分自身のことを見つめなおしてみよう。そう考えさせてくれた、2軒の書店との出会いだった。

2010年6月

楠田書店（移転後）
鹿児島県奄美市名瀬入舟町6番1号
本処あまみ庵
鹿児島県奄美市名瀬末広町7 - 11 名水ビル

あの時、その後

奄美大島

「移転したんです」

楠田書店に電話をしたところ、哲久さんにそう言われて思わずビックリ。でも以前は駐車スペースがなかったことから、昭和39年に移転して以来倉庫になっていた、創業の地に戻ったと誇る。商店街から港の方に移ったけれど、その分店の前の道も広くなり、車で来店しやすくなったそうだ。そして2012年3月に太平さんが社長に就任。哲久さんは会長として、また鹿児島県書店商業組合の理事職として、忙しい毎日を送っていると語った。

あまみ庵に電話すると、森本さんは残念ながら不在。美智子さんが電話に出て、以前と同じ穏やかな優しい声で、「森本さんもお店も今までどおり」であることを教えてくれた。

取材時に私は森本さんに、「自分の生まれた場所について考えないと」と言われたけれど、実は当時は理解できていなかった。「今はどうか？」と聞かれたら、完全にわかったとは言い難いかもしれない。しかしあの時は理解できなかった言葉は、私の中に刺さったままでいる。取材以来ずっと、考え続けている。だからいつかわかるようになったら、森本さんに報告に行きたい。

異業種参入の女性店主　伊豆の島で腕まくりするの巻

新島（東京都）

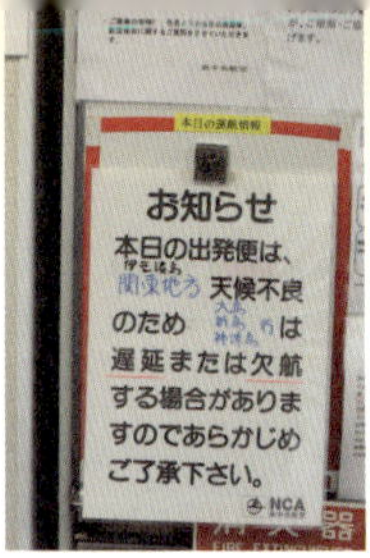

「欠航」の案内も〝待てば海路の日和あり〟

ドルニエ228は19人乗りのプロペラ機

伊豆大島への取材以来、約5年ぶりに調布空港に来た。ここ発の飛行機からは、ユーミンの懐かしの名曲「中央フリーウェイ」さながらの景色がおがめることもあり、前日から結構楽しみだった。しかしその晩は大雨。嫌な予感を感じながら空港に向かうと、予想通り「天候不良のため遅延または欠航」の案内が表示されていた。でも天候は回復しつつあるし、さすがに離島の取材を続けているせいか、こういう時は「おとなしく待つ」が最善策なのはわかっている。案の定待合室でテレビを見ていると、30分遅れで機内に案内された。

19人乗りのドルニエ機に乗り、府中の東京競馬場を右に見ながら約30分。新島空港に到着した。そこからレンタカーを走らせ、島を巡っていると……。新島港の近くで神殿風の露天温泉やモヤイ像、そして天草漁師さんと巡り会った。「島で2番目に若い漁師」を自負するアラフォーの彼は、横浜から移住してきたと語った。

「サーフィンの聖地だからか、若い世代の移住者が多いんです。式根島と合わせて約３０６０人住んでいますが、ここ数年は人口が減るどころか、むしろ増えている気がします」

新島で唯一の本屋さんの新和堂を訪ねると、店主の青沼和美さんがそう教えてくれた。

オープンは２００７(平成19)年。元々は進学堂という書店があったが、オーナーの高齢化によりリタイアすることに。島から本屋を消してはいけないと、オーナーの知人の娘で、会社を辞めたばかり

渋谷駅と同じく「モアイ」ではなく「モヤイ」

湯の浜露天風呂は入場無料！

青沼さん特製の注文短冊

島唯一の書店新和堂の青沼さん

ラーメン店を改装して2週間でオープン

の和美さんに書店引き継ぎの声がかかった。公益企業などでキャリアを積んできたが、書店員は未経験。しかし「やると決めたらすぐ実行する性格」ゆえ、ラーメン店だった建物を改装し、わずか2週間の準備期間を経てオープンしたそうだ。

「最初のうちは本のタイトルも知らないし、お客さんも皆『ヤンジャン』とか略すから、なおさら分からなくて……（笑）。でもお客さんに支えられながら、なんとか今日まで来ました」

新聞の配達店も兼ねているため、第一便の飛行機とともに到着した新聞各紙を、3人がかりで約300軒配達することが毎朝の業務。急いでも1時間半はかかるので、9時半のオープンから昼頃までは、和美さんの母親が店番をしている。だが基本的には1人なので、和美さんのその日の予定案内ボードは必須アイテムだ。

ラーメン店の面影を残すカウンターの奥には、名前とタイトルが書いてある手製の短冊が。定期購読や書籍注文のお客さんが常に100人以上いるので、「誰が何を頼んだか」をこれで整理しているのだそうだ。新聞も配達先と購読紙が一覧表になっていて、なんと几帳面な！

「進学堂の店主は全部頭に入っていたらしいですけど、私は整理しないと忘れちゃうんです（苦笑）」

注文表と同じぐらい整理された店内には、爽やかな季節の花が。「掃除してないので、ホコリだらけ」と謙遜するが、実に心地よい

予定案内ボードに貼るマグネット

「島で2番目に若い漁師」さん

青沼さんの対応はまさに
ブックコンシェルジュ！

空気が流れている。

品揃えは雑誌が8割、書籍とコミックが2割程度。サーフィン系の雑誌とTV雑誌が売れ筋なのだそうだ。

「そっちは字が小さいから、こっちの方が読みやすいと思いますよ」

TV雑誌を買いに来た、お客さんに和美さんがアドバイス。その姿たるや、まさにブックコンシェルジュ！　お客さん同士の口コミで人気が広がることもあり、たとえば佐伯泰英の『尾張ノ夏』（双葉文庫）をはじめとする江戸双紙シリーズなどは、読者発のベストセラーとなったそうだ。

「元々島の人は時代小説が好きなせいか、このシリーズは人気なんです。小説や新書は、新聞の切り抜きを持参して注文する人も多いですね。私が分からないせいか、皆が色々　教えてくれるんです」

児童書コーナーに置かれている『新しい絵本1000』（NPO読書サポート）という絵本のセレクトブックを知ったきっかけも、お客さんからの注文。移住ファミリーの子供世代が増えつつある中、「どんな絵本がオススメ？」と聞かれることもあるので、この本を役立てているそう。まさに客に教え、そして教えられることで成り立っているのだ。

「書店経営の知識がなかったので不安はあったけれど、分からないからこそ飛び込めたのかもしれません。今は孫の世話など仕事以外のことで忙しくて大変だけど、島に1軒しかない本屋だから、これ

この本もお客さん
に教えてもらった

お客さんの口コミ
でヒット

からもずっと続けていきます」

迷いのない凛とした、和美さんの表情。本屋で働く女性の心意気が、じんわりと伝わってきた気がした。

「仕事や人生に迷ったら、和美さんの笑顔を思い出すことにしよう」

そんなことを考えながら、再び新島空港へ。つかの間の探索だったけれど、今まで知らなかった東京の一面を知ることが出来た、思い出深い一日となった。

2010年9月

新和堂

東京都新島村本村 1-9-8

あの時、その後

新島

　2013年1月の読売新聞東京多摩版に「青沼和美さん」と、懐かしい名前が載っていた。「調布からの飛行機に乗ってやってきた新聞を、アルバイトの女性2名と250軒分、その日中に配達している。寸暇を惜しんで正午前までに、全購読者の手元に届けている」そんな内容の記事と、和美さんの笑顔が紹介されていた。

「毎日忙しくてバタバタだから、取材の時もゆっくり話せなくてごめんなさい」

　電話をかけると、和美さんのさわやかな声が聞こえた。あれから約3年。「相変わらず」の日々だけど、「でも、それが一番」と和美さん。インターネットは普及しても、まだまだ新聞や本を楽しみにしている人たちがいる。そんな島にある本屋を訪ねれば、はつらつとしたステキなお姉さまが、きっと温かく迎えてくれることだろう。

静かな島にたたずむ
やさしく静かな本屋たち

小豆島（香川県）

100年の歴史をもつ
吉本弘文堂

「なんにも映んない鏡なの。ただ、しーんと銀色なの。その銀色の上をさ、さらさらさらって撫でるようにして、陽が沈んでいくんよ」

瀬戸内の海をこう描いていたのは、角田光代さんの小説『八日目の蝉』（中公文庫）。その海をフェリーで渡ること1時間。穏やかだけど肌寒い空気に包まれながら、小豆島の吉本弘文堂を目指した。

向かいにスーパー、同じ建物内に接骨院。小豆島町の目抜き通りにある吉本弘文堂は、100年もの歴史を持つ島内きっての老舗だ。

「1971（昭和46）年に、現在の場所に移ってきたんです」

と教えてくれたのは、3代目店主の吉本吉次さん。名前にも名字にも「吉」があって、なんとも縁起がいいですね〜！

「社会人になりたての頃は大阪の自動車メーカーに就職して、高松の販売店に出向していたんです。私は6人きょうだいの末っ子なんですけど、一番上の姉夫婦に子供がなかったもので。あとを継ぐために養子になったんですよ」

現在のスタッフは姉の敦子さん夫婦と吉次さん、妻のかほるさんと、事務担当の小池朝子さん。そして配達パートの合計6人。店内は70坪もの広さがあり、半分が文具、半分が本という構成になっている。

強い自己主張はないけれど、小豆島だけに当然、壺井栄コーナーもちゃんとある。でも『二十四の瞳』（角川文庫）はここではなく、「二十四の瞳映画村」の売店で、年間何百冊も売れるそう。原作に

角田光代さんが「なんにも映らない鏡」と形容した瀬戸内の海

女性スタッフに囲まれる
吉本吉次さん

「小豆島」の記述はないものの、映画化の際に舞台となったことを知る観光客が、土産代わりに手に取るのだ。

ところで2010年のベストセラーは？　そう聞くと返ってきた答えは、なんと雑誌の『ＡＥＲＡ』（朝日新聞出版）。オリーブ栽培のために移住した若者を取りあげた号を、配布用にと町役場から400冊もの注文が入ったのだとか。雑誌の効果的な売り方を発見したかも……と、大いに考えさせられた。

日がかげる頃になると、生徒らが店に続々群がりだす。徒歩圏内に小学校と中学校、それに高校があるため、彼らの立ち寄りスポットになっているのだ。

「『おっちゃん、ノートないから開けて！』って登校中に寄る子供もいるので、朝は8時から開けています。でも仕事帰りの人や子供達で店が賑わいだすのは、夕方頃ですね」

そして店の奥にある扉を開けてみると……。そこにもずらりとお客さんが。接骨院とは、扉一枚隔てているだけだったのだ。

「娘夫婦のために、2年前に一角を改装したんです」

隣のオリーブ接骨院は、娘の真希さん夫婦がやっていたとは！　かついだ本の重みが腰にきても、安心できますね〜。

「時々お世話になってます（笑）」

再び外に目をやると、そこにはいよかんが入ったカゴが。「いよかん　100円」と書かれているので、どうやら売り物のようだ。

いよかんも売ってます

店主の笠井さん

“ベテラン店員”
のお姉様

「きょうだいの1人が果樹園をしているので、規格外の果物を預かって販売しています」

本屋&接骨院&プチ果物店というマルチな業態が成り立っているのも、一族がここに集まってくるから。時には孫2人が、店で遊んでいることもあるそう。お客さんにとってはもちろん、吉次さんの家族にとっても温かい巣のような、そんな場所なのかもしれない。

そして翌朝。土庄港近くの集落にも本屋があると聞いたので、そのブックスことぶきを一路目指すことに。ん？　閉店は午後10時10分？　開店したての店に足を踏み入れると、美女軍団が棚にはたきをかけているところに遭遇。皆さん、気合い入ってますね〜！

「一番のベテランは、もう30年以上おるんです」

もしかして10歳の頃から仕事してました？　そんなことを言いたくなるほど若々しいお姉様方ばかり。そんな彼女達のまとめ役が、店主の笠井紗恵子さんだ。1971（昭和48）年、結婚を機に書店をオープンして、現在の場所には約17年前に移転してきた。こちらはCDと本が、1：2の品揃えになっている。

「10時10分にしたのは、閉店ギリギリに来るお客さんもいるから、余裕を見ようと思ってね。でも今はお客さんが帰り次第、閉めてますよ（笑）」

島の西側、土庄町にあるブックスことぶき

閉店10時10分（！）

広く取られた窓の向こうを、地元の中学生たちが走っている。なんでも今日はマラソン大会なのだとか。急いで走る彼らとは対照的に、店内はゆったり静かな時間が流れている。時間が経つのを忘れそうになるけれど、そろそろもう一度銀色を目指さなくては。

静かな海の向こうにある、明るく静かな人達の島。いつかまたこの銀色が恋しくなったら、ひょっこり訪ねて本を探しに行きたい。そんなことを考えていたら、あまりにもキラキラで眩しくて、ついウトウト。目を覚ますともう、高松港がすぐそこにあった。

2011年1月

吉本弘文堂
香川県小豆郡小豆島町安田甲 136 - 6

ブックスことぶき
香川県小豆郡土庄町甲 36 - 10

あの時、その後

小豆島

「景気が悪くてフーフー言いながらなんとかやってますけど、元気にしております」

そう教えてくれたのは、電話に出た吉本弘文堂の吉本吉次さん。敦子さん夫婦もかほるさんも、小池さんも現役で頑張っている。そして扉一枚隔てた、娘の真希さん夫婦によるオリーブ整骨院は、「おかげさまで盛況」なのだそうだ。

そしてブックスことぶきに連絡すると、変わらぬ穏やかな声で、笠井紗恵子さんが電話口に出てくれた。「年をとりましたけど、元気にしていますよ」と、ゆったり優しい口調。お店も変わりなく、美女軍団の皆さんもお元気だと教えてくれた。

お隣にある“アートの島”の豊島と小豆島では、2013年は3回に渡って「瀬戸内国際芸術祭」が開催される。電話をかけた時期は、ちょうど夏の芸術祭の直前。たくさんの人が訪れるシーズンを前に、のんびりした時間を過ごしていると語る紗恵子さん。

オリーブの島に住む方々は、取材時と同じように今日も静かに本と向き合っている。

博多の北、釜山の南 国境の島の本屋

対馬（長崎県）

右から2人目が2代目店主の一三さん

「対馬やまねこ空港」だけにツシマヤマネコがお出迎え

行きたいと思っていたけれど、なかなか機会に恵まれなかった対馬。

ついに念願かなって島に着いてみると、最初に感じたのは、奄美大島同様「大きい……」ということ。東西は18kmだけど、南北は実に82kmもある。そこでレンタカーを手配して、島を南北に貫く国道382号線上にある本屋さんを訪ねて廻ることに決めた。

最初に足を運んだのは、博多からのフェリーが着く厳原港近くの大西書店。商店が並ぶ川端通りで、60年以上続く老舗だ。

「以前は近くに3軒本屋がありましたが、今はうちだけになりました」

そう語るのは77歳になる二代目の、大西一三さん。先代の頃は統制経済が敷かれていて、書店業には誰でも参入できるわけではなかった。そこで最初は陶器店を経営して、1953（昭和28）年に書店にシフト。今は本とたばこ、そして宝くじを扱っている。

「毎日配本があるでしょ、だから忙しくて。昔は店を継ぐのが嫌でね」

一三さんの隣には、笑顔がまぶしい妻の信子さんと、10年前に島に戻った息子の章介さん。対馬が亜鉛の鉱山景気にわいたのは約40年前。閉山後は過疎化が進み、それに伴い本の動きも鈍くなってしまったそう。でもそんななかで島の人は、どんな本を読んでいるのだろう？

本とタバコと宝くじが主力商品

フェリー乗り場近くの大西書店

「対馬関連書が売れるのは本屋冥利につきる」

「『たかじんのそこまで言って委員会』などのテレビ番組で紹介された本はよく売れます。司馬遼太郎『街道をゆく』や、昨年は対馬が舞台の『韃靼の馬』（日本経済新聞出版社）も人気でした。島の人に郷土の本が売れるのは、本屋冥利に尽きますね」

柿のお土産をどっさり頂き、一路北部へ。たどり着いたのは複合スペース内にある清文堂。オープン19年目で、10年前に今の場所に移転したそうだ。

二代目の財部将志さんは高校卒業後、福岡の書店で修業。そこで妻となる陽子さんと出会い、今は3人の子供に囲まれながら、夫婦2人で切り盛りしている。陽子さんは福岡出身。島に嫁ぐ際に「船が沈むかと思った」ほどの大荷物を抱えてきたと、将志さんは当時をふり返る。

高校が近くにあるせいか、ここでの売れ筋はコミックや付録付き雑誌。だけど買い物帰りのお母さんやリタイア組も立ち寄るので、『ハーレクイン』コミックスやお弁当のネタになる『タニタ食堂』のレシピ本、釣り関係の雑誌も人気が高い。メディアで紹介された書籍は問い合わせが来ることもあるので、暇を見つけてはちょくちょく目を通していると将志さん。でも定休日が元日しかないので、もう少しゆっくりするのが今の夢だ。

「とは言ってもつらくはないし、お店に来た子供達とお互い顔見知りになれるから、本屋の仕事は本当に楽しいんです」

財部将志さんと陽子さん

郊外店型の清文堂

文具類も多く取り扱う

その翌日、どしゃぶりの中を路線バスで目指したのは、島の先端にある比田勝地区。釜山までジェットフォイルで1時間20分で到着する、韓国に一番近い場所だ。

この比田勝地区にあるのが、オープン63年目の睦書房。お店と同い年の梅野健一さんと妻の壽子さん、お手伝い9年目の網代栄子さんと、92歳の先代・トメコさんが迎えてくれた。

健一さんが仕入れを担当し、壽子さんと網代さんが店番を担当。小学校と中学校が近くにあり、教科書販売店歴は42年。文房具類も豊富に揃えているのが特徴だ。

明るくてお話好きの壽子さんと、静かで写真愛好家の健一さん。2人の間には4人の子供がいて、広島と東京、そして長崎市内と離れているが、島に残る長女がパソコンで、経理などをサポートしてくれるそう。

店内には健一さんが対馬の自然を写した写真が飾られていて、まるでアトリエの雰囲気。そして店前のベンチは、デートスポット⁉︎になっている。

「そのおかげで、あの家の子とこの家の子がつき合ってるのが分かるんです（笑）」

売れ筋はコミックだけど参考書や、佐伯泰英をはじめ時代小説も結構な人気。そして意外なことに、原発関連の本も注目を集めているそうだ。

“お店と同い年”の健一さん（中央）

60年以上の歴史を誇る睦書房

「長崎の高校では昔、白血病の仲間のために校内放送で献血を呼びかけてたんです。対馬の財産は自然しかないから、原発問題に関心がある人も多いんですよね」

長崎市内の高校に通っていた健一さんが、そう教えてくれた。

福岡や韓国に近くても、ここは戦争の記憶を今も抱えている長崎県。だから原発のことだって、誰もが当事者として受けとめている。……その気持ちで、胸が熱くなった。だからあえて雨が降っているうちに、島を離れることにした。もし心が震えて涙が出ても、隠せると思ったからだ。

2011年11月

店には健一さん撮影の風景写真が

大西書店

長崎県対馬市厳原町大手橋 1042

清文堂

長崎県対馬市上対馬町大浦 60-1

睦書房

長崎県対馬市上対馬町比田勝 820

あの時、その後

対馬

「お店は相変わらずです！　でも最近、対馬は日本人の観光客が減ってしまってね～。島の元気がないんですよねぇ」

話す内容はあまり明るくないのに、それでも声は明るい大西書店の信子さん。場の空気をぱっと華やかにする、元気なお姿が思い出された。一三さんも章介さんも、お変わりなくお元気だと伺った。「変わりない」は、本当にうれしい言葉だとつくづく思った。

一方、取材時もおっとりと優しく話していた清文堂の財部将志さんは、今回も優しい口調で「変わりなく続けている」と教えてくれた。陽子さんも、時間がある時はお店に顔を出しているそうだ。

そしてどしゃぶりの中取材に向かった睦書房で、ずぶぬれの私達を見て心配してくださったトメコさんは、2012年12月に他界されていた。しかし梅野健一さんは、壽子さんも網代さんも元気で頑張っていると、語った。

緑が濃くて、温かい人たちが住んでいる国境の島。もっとたくさんの人にその良さを見いだし、足を運んでもらえたら。私自身、そう願ってやまない。

亜熱帯の島 香り立つ本屋たち

沖永良部島（鹿児島県）

なぜか手描きの看板

東京からは鹿児島乗り継ぎで沖永良部空港に到着

寒さに飽き飽きしていた。だから絶対、沖縄に近い沖永良部島に行こうと決めていた。陸地からウミガメが見られるこの島は、1年を通して温かいと聞いていたからだ。出発した日の東京は雪。しかし沖永良部空港に降り立った瞬間、ゆるりと温かい風がほおに触れた。コートを脱いで、レンタカーのトランクに押し込む。春がきたような空気を味わい、心躍らせながら島最大の集落がある、和泊町に向かった。

最初に訪ねたのは、東《あずま》書店。オープンして50年になる、島一番の老舗書店だ。手描きの看板（?）をくぐると、東幸輝さんと亜紀子さん夫婦が迎えてくれた。

「今日は寒い方で、昨日は半袖でも平気だったんですよ」

そう語る亜紀子さんは大阪出身。島内のホテルで働いていた時に幸輝さんと出会い、4年前に結婚。店舗裏の自宅でエステを兼業しながら、高校の巡回&監視をする非常勤職員もつとめる、超多忙な日々を送っている。

一方の幸輝さんも、10年ほど前まで大阪でSE（システムエンジニア）として働いていた。しかし父親が体調を崩したため、帰島して店を継ぐことに。とはいえそれまで店番程度しか手伝ったことがなかったので、ほぼ未経験からのスタートだったそうだ。

ふと壁を見上げると、「寂しかったので置いてみた」というビニー

Uターン組の幸輝さんと大阪生まれの亜紀子さん

泳ぐウミガメが陸上から見える！

ルの紐を編んで作ったプードル人形や、エレキギターなど飾られている。ギターはバンドを組んでいた幸輝さんのものなのだそうだ。趣味を反映してか雑誌棚には、『ヤングギター』などの音楽雑誌が豊富に揃っている。

今まで訪ねた他の島同様、週刊少年ジャンプなどのマンガが売れ筋だが、ハーレクインシリーズや3分クッキング系の料理雑誌など、“奥様の気持ち”を満たしてくれるものも、コンスタントに人気なのだそう。そしてもうひとつの売れ筋といえば駄菓子。取材中にも小学生2人がやってきて、チョコと干しだらスティックを買っていく様子を目撃したほどだ。

「島には高校までしかないので、卒業すると出て行く子も多いんです。でも帰ってくると懐かしいのか、駄菓子を買いに来てくれて。そういえば幸輝さんと出会って間もない頃、本屋さんだから本をプレゼントしてくれると思ったのに、くれたのは駄菓子。あの時はムッとしましたね～」

と、独身時代を思い出しながら、笑う亜紀子さん。「ナニワっ子の亜紀子が来てから、店が明るくなった」と、横で幸輝さんも笑う。

基本的に年中無休で、朝9時から夜10時まで開いている。2人はほぼ休みナシだけど、2012（平成24）年の夏は台風のおかげで、数日間休まざるをえなかったそう。というのも電気も電話もストップしてしまったから。でも「暗い中、ずっと2人でおしゃべりして

幸輝さんの趣味のエレキが店に飾られている

大ベストセラーの駄菓子

地元関連書はレジ前の一等席に

和泊港近くのブックス和泊

いたので楽しかった」と、夫婦揃って語った。そんな仲良しで明るい2人の目標は、ずっとこの店を続けること。

あまり売上が芳しくなかった時に仕入れを減らしたら、お客さんに「閉めるんですか？」と残念そうに言われ、店を大事に思ってくれる人の存在に気付いたからだ。この先どうなるかは誰にも分からない。でも明るい場所にはきっと、人が集まってくるはず。そんな思いを感じながら、店を後にした。

次に訪ねたのは旅客ターミナル近くにある、ブックス和泊。こちらは1991（平成3）年にオープンし、現在は2代目になる市来ひとみさんと家族が切り盛りしている。広い空間の3分の2に本が置かれていて、残りはコスメや雑貨スペースになっている。以前は、このスペースで親族が保険代理店をしていたそうだ。

レジのすぐ前の、一番目につく書棚には沖永良部や奄美、それに鹿児島にちなんだ本が並んでいる。なかでも沖永良部の言葉を集めた『沖永良部島民俗語彙集』（南方新社）は3990円とお高めながらも、旅行者や島の人達の人気を集めている。

「でも島は娯楽が少ないせいか、やっぱり一番売れるのはマンガ。年齢が高い人も買っていくんですよね」

そう語るひとみさんの日課は、お香を焚くこと。そのせいか店の中は、スッキリした香りが漂っている。「自分のためにやっている」と笑うが、よい香りに包まれながら本を選んでいると、幸せな気持

ブックス和泊の2代目店主、ひとみさん

ちになってくる。粋な計らいを、とても嬉しく感じた。

明るくて、そしていい香りがして。島に2軒の本屋はいずれも、訪ねてみたくなる要素に溢れていた。

「また来たいな」

そんな思いを胸に、私は17℃の島から5℃の都会に戻った。

2013年2月

東書店
鹿児島県大島郡和泊町大字和泊 535

ブックス和泊
鹿児島県大島郡和泊町大字手々知名 512 - 73

あの時、その後

沖永良部島

取材に伺ってからまだ数ヶ月しか経っていないこともあり、「とくに変わりなく続けています」と、幸輝さん。夫婦揃って、相変わらず忙しい日々を送っていそうだ。

またひとみさんも、取材当時と変わらず店頭に立っていると教えてくれた。取材時にはお会いできなかったけれど、2人の子供がいるひとみさん。ママ業とお店の切り盛りの同時進行は骨が折れるかもしれないけれど、その可憐な笑顔に温められている人達は多いはずだから、どうかこれからもお元気で。そして私も寒さに飽きたら、またこの島を目指したいと思っている。

旅の途中で

「小さな島にある本屋さんの軒下で、日がな一日お店のおばあちゃんと話をしたりとかって、楽しそうだよね」

あれは２００５年の、暮れも押し迫った頃のことだったと思う。

本屋大賞を応援するためのフリーペーパー『ＬＯＶＥ書店！』を作ろうと集まったメンバーで、当時は聖蹟桜ヶ丘にある書店の主任をしていた高頭《たかとう》佐和子さん（その後丸善丸の内本店に在籍）が言った。

「いいね。じゃあ『離島の本屋』って企画にするから、朴さん取材行ってきてよ」

『ＬＯＶＥ書店！』編集長の嶋浩一郎さん（現博報堂ケトル共同ＣＥＯ）が、まるで「このワイン気になるから、ちょっと頼んでいい？」とでも言うかのごとき、軽い口調で言った。

なのに、私は即答していた。

「行きます！」

とはいえ北関東で生まれ育った私に、離島の知識などあるわけもなかった。しかも第1号の制作期間は約1カ月で、先方の都合を考えると、年末年始は取材に充てられない。

「あまり時間がないから都内から1泊で行ける島を選ばなくては……」

頭をひねった結果、記念すべき第1回の取材先は都内の離島・伊豆大島に決まった。はじめての伊豆大島なのだから、名物の椿が咲き誇るシーズンに行きたいと一瞬だけ考えたが、椿が咲くのは1月下旬頃から。待っていたら間に合うわけがない。ということでカメラマンの今井一詞さんとすぐに予定を相談。スケジュールをなんとかやりくりしてもらい、2005年の12月29日、東京の調布飛行場からアイランダーという飛行機で伊豆大島に向かった。ちなみにこのアイランダー、本名はブリテン・ノーマン・アイランダーという、1965年に初飛行をした10人乗り機で、機内に通路もない非常にコンパクトなもの。その分地上が間近に見える楽しさがあるのだが、高所恐怖症の今井さんが身をすくめながら必死にファインダーを覗いていたのを、今でもよく覚えている。

こうして私の離島の本屋を巡る旅は、幕を開けた。

この連載を続けるにあたり、取材に協力して下さった本屋の皆さんはもちろんのこと、島で出会った全ての皆さんに、改めてお礼を申し上げたいと思います。

企画発案者の高頭さんをはじめとする、NPO「本屋大賞実行委員会」のスタッフと、取材のGOを出してくれた編集長の嶋さん、『LOVE書店!』スタッフと、実務担当の博報堂ケトルの原利彦さん、優しく厳しくスケジュール管理をしながら、編集チームを支える番頭の木原久美子さん。彼らがいるからこそ、旅に出続けることができています。本当にありがとうございます。

そして連載第1回から私の「あれ撮って！」に応えるだけではなく、取材先での「?」や「！」を共有し続け、一緒に走ってくれているカメラマンの今井一詞さんと、「面白い！」と絶賛し励ましてくれた著述家&編集者の石黒謙吾さん。2013年春に下北沢の本屋「B&B」で出会ってすぐに、この連載の書籍化を持ちかけてくださった木瀬貴吉さんと、ころからの皆さんには、心から感謝しています。

軽い気持ちで引き受けた連載でしたが、島と本屋を訪ね歩くうちに、気がつけばとても大きなものに育っていました。ライフワークといえる仕事に巡り会えた僥倖をかみしめながら、今回はここで筆を置きたいと思います。

離島の本屋を巡る旅は、まだまだ続きます。フリーペーパー『LOVE書店！』で、またお会いしましょう。

朴順梨（ぼく・じゅんり）
1972年群馬県生まれ。早稲田大学卒業後、テレビマンユニオンに参加。雑誌編集者を経て、フリーライターに。共著に『韓国のホンネ』（竹書房新書）がある。『離島の本屋』は初の単著。
Twitter アカウント：JUNRI_BOKU

離島の本屋

22の島で「本屋」の灯りをともす人たち

2013年7月15日初版発行
2013年8月15日2刷発行
定価1600円＋税

著者 朴順梨

パブリッシャー 木瀬貴吉

発行 ころから

〒115-0045 東京都北区赤羽1-19-7-603

TEL 03-5939-7950 FAX 03-5939-7951

MAIL office@korocolor.com

HP http://korocolor.com/

ISBN978-4-907239-03-9 C0095

離島の本屋

離島の本屋